いのちの恩返し

がんと向き合った「いのちの授業」の日々

山田 泉 Yamada Izumi

高文研

はじめに

不思議議です。タダの保健室のおばさんだった私が、二冊目の本を出すことになりました。
昨年（二〇〇七年）の三月に退職し、二八年間続けてきた小・中学校の養護教諭の仕事とサヨナラした記念（?）に、『「いのちの授業」をもう一度』（高文研）を出版しましたら、すごい反響でベストセラーになり、億万長者になりました、ってのはジョーダン。
でも、友達が友達に売ってくれ、その友達がまたその友達に売ってくれ、昭和の町（私の住む町）を歩いていると、「山ちゃん、本読んだで！　おもしろかった〜！」と、あちこちで喜んでもらえました。中でもうれしかったのは、郵便ポストに入っている全国の子どもたちからの感想の手紙。えんぴつをにぎりしめ、ふぞろいの文字で、いっしょうけんめい書いてくれた言葉。
《おうちに、ひきこもっていました。でも、山ちゃんの本をよんで、そとに出てみようというきもちになりました。》
《死にたいとおもっていました。そんなじぶんが、はずかしくなりました。》
《人間っていいなと思いました。》

そんな手紙が届くたびに、うれしくて涙がこぼれました。本の力ってすごいじゃん！

元気で明るいだけが取り柄だったあたしが、九年前に乳がんになり、三年前に再発、昨年転移……。あれよあれよという間に病気のプロになってしまいました。

「もぉぉぉ、やってられねーよ！」とめげるたびに、私の友人たちは、「あなたは、もう十分がんばったのだから、残りの人生は真ちゃん（夫）のお弁当でも作って、おうちの中でねんねしてて」とは言わず、「えっ!? 治らないの!? じゃ、早くうちの学校へ来て、いのちの授業してよ」と言うのです。パリで出会った友人（この本の中に出てくる人）などは、「山ちゃん、最近は痛み止め飲んで生きてるんだって？ じゃ、すぐに！ すぐに！ 会おう！ パリに遊びにおいでよ。それとも、今から会いにいこか？」と、マジに言うのです。パリって、一万キロしか離れていないんだって。

単純なあたしは、ついおもしろそうな誘惑にハマッテしまい、悪友と対談ごっこしたり、出前「いのちの授業」に出かけたり、パリに遊びに行ったり……。ま、そんなこんなで、退職してからの刺激的な日々をブログに書いていたら、いつのまにか本になったのです。

あたしの乳がんは、たしかにヤバイけれど、鼻歌歌いながらずっと書いていたいくらい、おもしろいことがころがっている日々。そんな日々の記録ですが、よかったら読んでください。

もくじ

Ⅲ　どげしょっかえ？　豊後の山ちゃんわいわい日記

2　学校が息苦しい

章扉イラスト＝山田　泉
装丁・商業デザインセンター＝松田　礼一

いのちの恩返し

がんと向き合った「いのちの授業」の日々

生きようよ

詩　山田　泉

山から朝日がのぼるまち
海に夕陽がしずむまち
この町の小さなお菓子屋で
私はいのちをもらったの

みんな私を知ってるの
私もみんな知ってるの
やさしい笑顔のまちでした
心をいっぱいもらったの

生きようよ

楽しいときには笑ったの
かなしいときには泣いてたの
子どもの弱さが愛しくて
大人の強さがかなしくて

いつも子どもとともにいて
いつも子どもに支えられ
幸せもらって生きてきた
ここにいたいの　このままずっと

桜が風に舞うように
いのちも流れて大空へ
失いかけて見えてくる
生きている今　いのちの重さ

はじまりはいつも笑顔なの
芽吹いたばかりのあなただから
かけがえのないいのちをだいて
助け合おうよ　生きていこうよ

今の私にできること
小さないのちをうたうこと
生きようよ　このまちで
生きたいの　あなたと
限りあるこのときを
生きようよ　支えあって

（二〇〇七年五月、転移の告知を受けたあとに、自分の人生を振り返って書いた詩です）

［写真］著者の暮らす豊後高田の風景。
写真下は、生まれ育った昭和の町。

I

〈インタビュー〉

団子を売るように保健室にいました

ＮＨＫの「にっぽんの現場――心に響け、いのちの授業」（二〇〇七年五月）というドキュメンタリー番組で山田泉さんを見た方もいるかもしれない。養護教諭ながら年間一〇〇時間以上の授業をやり、がん患者となってからは患者会を立ち上げて、待望の著書（『「いのちの授業」をもう一度』）も上梓《じょうし》した。

彼女の文章は実にいい。それ以上に話が上手い。講演を聴いた人々は涙を禁じ得ず、尊敬のまなざしを送る。……いや、ちょっと待ってくれ。この人は確かにすごいけど、すごいアホなところがあって、そんな神様みたいな人じゃなくて……とつい叫びたくなった。テレビや活字で見る華麗な「山田先生」とは違った、この人の本当の面白さをご紹介したいと思う。

（二〇〇七年一〇月七日、柴又―六本木の車中にて。インタビュー＝菅井純子）

✼せっかくがんになったんだもん！

■**菅井** そもそも「いのちの授業」を始めるずっと前から、性教育をやり、人権学習をやり、平和学習をやってきたよね。がんになったから「いのちの授業」をやったんじゃない。がんにならなくたって、本にできるような授業をやってたと思う。

■**山田** あたしは自分では当たり前のことをやってきただけで特別なことやってるって思ってないけど、がんになって、忘れていたことに気がついた。「人間って死ぬんや」っちゅうのを忘れちょったんよ。でもな、これだけがんだ、がんだって、三回も診断されて、「後の時間を好きなように生きた方がいい」とか言われると、とりあえずがんで死ぬんやな、まあ、わからんけど、交通事故で死ぬかもしれんけど、がんで死ぬ可能性が高いなと。それと友達ががんで次々と死ぬんよ。自分の身近な人が死ぬ。

■**菅井** だって、患者会（「オードリーの会」＝おおいた乳がん患者の会）つくったんやもんな。

■**山田** つくるときは何も考えてねぇもん。これは友達つくらんと、大変なこととか、話したいこととかあってもバラバラやと話せんやん。けっこうね、がんをテーマに話すと面白い話もあるんや。がんで遊んじゃおうと。で、つくったんですが、おかげでいろんな出会いがあったけど、その分、別れもあって、「そうか、人は死ぬんや」っちゅうことを身近に感じだしたってことは、ちょっとした変化かもしれんね。

■菅井　「いのちの授業」みたいな授業すると、「こんなに大変なのよ、こんなに頑張ってるのよ」って、なんか押しつけがましくなるっていうか……。逆に、たとえ病気でも、そういうことは一切言わないで教壇に立ち続ける人もいるんじゃない？

■山田　いるいる。そういう人の電話や手紙もいっぱい来るよ。

■菅井　でも、あなたの授業を見てると、そういう押しつけがましさみたいなものは感じないんだけど、そのポイントは何でしょうか。

■山田　せっかくがんになったんだもん！（笑）なろうと思ってもなれんのよ、この病気は。そこから、なんかやらにゃ。

■菅井　私が前に手紙で「もう仕事つらいし、何もかもイヤだ！」ってグチったら、「手紙を読んでうれしくなりました。あんたもそろそろがんになります」っていう返事がきた。あれを私はいつも思い出す。私がもしがんになったら、「おめでとう！　あんたもやっとがんになったかい」って、絶対言うやろね。

■山田　そうそう。あたしの友達がひとり増えるだけや。あたしがこうやって授業をやっちょると、「子どもたちのために命を削って短い命を捧げてます」って思う人もいるわけや。そう思いたい人もおるんや。でも、見破っちょる人もおるよ。「山ちゃん、がん、がん言いながら適当に遊びよる」って。それ一番見破っちょるんは、永（永六輔）さん（注1）やけどな。実際、人間ってそんなに泣いてばっかりおらんよ。がんのこと話しながら、うちの真ちゃん（夫の真一さん）とよく笑ったりする。永さんところだって奥さんががんで亡くなったけど、家の中は笑いでいっぱいやったって。笑うことを心がけてたんかもしれんけど、そういう話を聞くと、あたしホッとするもん。

で、真ちゃんにな、「ここにはこれ入れとくから、私がおらんくなったらこうするんで」とか時々言うんよ。前は涙ぐんで、「そんなこと言われると、ご飯が食べられなくなります」とか言いよったのに、最近は「いいか、真ちゃん」って言うと、「はーい」って言いながらご飯食べちょる。あたしが「ちょっとは悲しんでよ」って言うと、「もう慣れた」。ああ、そうか、そんなもんでしょ。病気って、誰がなるかもわからんし、誰だって死ぬんやから、ちっと早いか遅いかだけのことや。ほんとは夏目雅子みたいな感じがよかったんやけどな。なんか綺麗でいいやん。夏目雅子を見ると、自分を見ちょるような気がする。

■菅井　まぁ、ちょっと似てるかもしれんね（笑）。

❇子どもはうどん一杯で仲良くしてくれる

■山田　あたしは人と会う時の感覚ってカンやもん。子どもたちと話す時もカン。なんかこうやったら面白いんじゃないかなぁって、頭に浮かぶんよ。今度この○○さんのことを通して授業したいなと思ってると、「ああやってこうやって……」って浮かぶんよ。頭が爆発しそうなくらい（笑）。それを書くと間に合わんけん、子どもたちに「こうやってああやってって思うんやけど、どう？」とか言うと、「山ちゃん、こうやったらもっと面白いよ」って教えてくれるんよ。「じゃ、それで行きましょう」と。

■菅井　それは、すごい。やっぱり才能かな。もしかしたら超能力かも。

■山田「いのちの授業」も性教育も人権学習も面白くてたまらんかった。楽しいから続くんやろ。

■菅井　私は教員生活二一年目、いまだに授業はドキドキです。うまくいくか、毎時間心配。

■山田　それは私もあるよ。プールに飛び込むみたいな。子どもの人間関係がギスギスやったり、相手のことよく知らん時って、しんどくない？　私、A中学校に行く時、そうやった。一〇月から復帰したやろ。人間関係ができあがっとるとこに行くから、もう、「ヨッシャー」ちゅう感じで行きよった。

■菅井　NHKの「にっぽんの現場」（「心に響け、いのちの授業」07年5月31日放映）で、冒頭、車の中でカメラ回されてるところやね。

■山田　気合い入り過ぎで行ったんや。学校に戻る前に、Kちゃんの家には家庭訪問に行ったんよ。途中から参加するんじゃき、ご挨拶に行っておかなと思って、電話かけて、「今度一〇月から学校に戻る山田と申します」って、菓子折持って家に行ったよ。女の子の人間関係の中に入るのは、なんかちょっとビミョーやろ。じゃけん、どうかよろしくお願いしますって、仁義切ったわけよ。

■**菅井** ちょっとそれ、おかしくない？ べつに女の子のグループに入れてもらわんでもええやん。私も生徒としょうもない話するの大好きやけど、あの人間関係のドロドロには巻き込まれたくない。時々「あー、高校生でなくてよかった。先生でよかった」って思う時あるよ。

■**山田** あたし、先生やと思ってねぇし。保健室のオバサンやから。

■**菅井** 保健室のオバサンは担任よりもっと引ける（距離がとれる）やんか。担任やったら家庭訪問に行かなあかん時ってあるけど。

■**山田** だって保健室に来るんや、あの人たちは。そしたら平和的な友好関係を築かないと、お互いしんどいやん。それで家庭訪問して、喫茶店に連れて行ってチョコレートパフェ食べたりしたんや。そうやって一緒にものを食べたりするのって、大事やん。子どもはうどん一杯で仲良くしてくれるからな。大人と仲良くしようと思ったら、築地の料亭かどっかに行かなならんやろ（笑）。昔の先生はそういうことやっちょったんよ。いろいろあるけど、ご飯でも食べに行こうって。それが今は職員会議や何やかやって忙しくなって、そういう普通に隣のオジサン、オバサンがするようなこと、忘れてないか？

■**菅井** でもさ、学校に戻る前に家庭訪問して、この子と仲良くなっておけば大丈夫っていうのは、だいたい計算してやってるわけ？ たまたまそうなったっていうんじゃなくて。

■山田　だって最初に「なにさ」って思われたら、もう……。私ね、あの時、もうこれで仕事やめようと思ったんよ。もし来年も続けるとしたら、それなりのスパンで学校を見られたかもしれんけど、半年しかないわけでしょ。戻った時点で子どもたちの中に入っちょかんと、まごまごしてたら終わってしまう。勝負かけるなら今しかないと思って。ひとりの子と仲良くなっちょくと、その子がほかの子連れて来てくれるんや。そういう人たちと友好関係が結べると、もっと引きこもっていてつらそうな子、オドオドして発散できない子を守ることもできるやん。

※保健室って「喫茶店」って思っちょる

■山田　なんかを教えようとか点数つけたりとか、保健室ってそういうとこじゃないから、一緒におって楽しいかどうかやろ、それが「山ちゃん流」ですね。

■菅井　そういう保健室が嫌いな先生たちっていない？

■山田　いっぱいいいますよ。

■菅井　保健室登校を嫌がる担任とか……。

■山田　「自分のクラスの生徒が保健室に行くことが不愉快です」って言われたことがある。でもね、どっちが強いかっちゅうと、子どもの方が強い。

あたしね、保健室って「喫茶店」って思っちょる。心のケアとかナントカスキルとか、そういうむずかしいコトバはわからんのやけど、保健室は、もしコーヒーが出せたら喫茶店。サラリーマンが仕事帰りに飲みに行くのといっしょ。教室は緊張する場やし、競争もある。一カ所ぐらい、お茶でも出してもらってから家に帰るところがあってもいいやん。先生たちがいろいろ思ってたかもしれんけど、ま、どう思われてもいいや。最後の頃はお茶も出しててな。保健室登校の子にお茶を入れてもらって、「どうも、お疲れさんでした」って出す。茶碗も洗っといてって言うと、洗ってくれる。ほかの生徒が「すまんなー、洗ろてもろうて」って言って、いい関係ができた。それまでは「おまえは保健室にいられていいな」とか言ってたのが、あたしが「この人、茶碗洗わなならんで、大変なんで」って言うと、「おー、すまんな」って。学校もなぁ、来てくれてナンボやん。

■**菅井**　そうそう、来てくれてナンボ。

■**山田**　来てくれるのは、楽しいからやろ。

■**菅井**　うちはちょっと変わった学校（通信制高校）やから、行事とかも任意参加なんや。「来てくれてありがとう」っていつも思うよ。体育祭なんか、「今年は何人来てくれるかなぁ」って心配して、来てくれただけでありがとう、そのうえ競技に出てくれたら、もう嬉しくて全員にジュースおごったよ。

■**山田**　あたしも通信制高校に行ったことあるけど、学校に来られなくなって自殺する子もいるんや。最近、養護教諭の人に聞いたら、「二年に一回は生徒のお葬式に行ってる」って。学校に来てくれたら死なんですむかもしれんやん。学校はいのちを守るところや。勉強はさ、得意な人がすればいいんじゃ。うちの父は小さなお菓子屋をやってたんやけど、よく言ってた。

「いいか、みんながみんな勉強できたら、こうやってまんじゅう作る人はおらんごとなる。勉強できる人間と勉強に向かない人間がおってはじめて商売は成り立つんじゃ。あんまり勉強するもんじゃねぇ」って。

あたしは団子屋さんを見ると胸がキュンとする。父はお客さんが来てくれてナンボやと。団子一個売って五円もうかる、一〇円もうかるの世界。それを積み重ねてあたしを学校へやってくれた。父を見て、来てくれてナンボと思ったから。保健室も同じなんや。

■**菅井**　私ら、サービス業だもんね。なんか忘れられとるけど。それなのに顧客管理もできてない教員がおる。私は、うちに来る生徒が入学するまでに、名前から前の学校から、何単位持ってて、あと何年で卒業か、全部頭に入れるよ。何百人の生徒の顔と名前は全部一致しとるし。うちは服装も自由で出入り自由だから、顔を覚えとかんと不審者が来てもわからんの。私が知らない顔やったら、うちの生徒じゃないね。

■**山田**　自慢じゃないけど、あたしは名前覚えられんよ。卒業式になって、まだ名前間違えて呼んだりする。

■**菅井**　名前は覚えんけど、授業のアイデアが次々に湧くってところは、やっぱり天才でしょう。

■山田　私の授業は点数にならんやん。教室に行ったら、受験を考えちょる子どもにとっては邪魔なわけよ。そのお方たちにな、「山ちゃんの授業って面白い」って言ってもらわんと次ができないんや。一回コケると子どもが「来るなモード」になって、そしたら担任は授業させてくれんやんか。そういう意味では真剣勝負や。

■菅井　今は全国からお座敷がかかる売れっ子やけどな。

■山田　あたしはその程度の人間なわけよ。むずかしいことはようわからんで、団子売るように保健室にいました、気づいたら二八年経ってました。それを全部言葉にしたらようわからんけん、短く言ったら「いのちの授業」かな。子どもたちに知恵をもらって、子どものことは子どもにしかわからんから、子どもに話を聞かせてもらって。私が間違わなくてすんだのは子どもたちのおかげです。大人は間違いやすい。自分がやってることがいいことだって思い込むから。

あたしねぇ、性教育で知り合ったお母ちゃんたちがおるんや。ひとりはホカ弁でアルバイトして、もうひとりは薬局のレジをしちょる。このオバちゃんたちと知り合ったのが良かったですよ。あの人らはね、「山ちゃん、面白くねぇ、その話」って言ってくれる。学校の中にずっとおるとズレるんよ。あと「保健室日記」をずっと書きよったけん、面白い時は面白いって言ってくれて、時々私が「ここの文章ちょっとヘンかなぁ」って聞いたら、「山ちゃん、あんた芥川賞取りてぇんかい。テニヲハなんかどうでもいい。ほんとのことを書きゃいいんじゃ」って。私のこと「先生」って絶対呼ばんかったもんな。

■菅井　もともとは生徒の保護者、だよね。

■山田　そう。でも「先生」じゃなくて、いつも「あんた」やったな。世の中のことをほんとによくわかっちょるのは、名も無きオバサンじゃねぇかと思う。あたしはあの人たちと友達やったおかげで、「先生病」にかからんですんだ。

それと、うちの父がな、あたしがある時期、採用三年目ぐらいの時に、ちょっと「先生病」にかかったんかなぁ、「ただいま」って帰ったら、店にお客さんがいたのに、それでもスッと部屋に入った。そしたら父が、「お前なぁ、お客さんにいらっしゃいませち笑顔で言えんようになるんなら、学校の先生やめよ」って叱られた。四八年間で父に叱られたのは、その時の一回だけ。たぶん、帰って来た時のあたしの顔がよくなかったんやろな。

■菅井　それは、でも「真髄」だよね。

■山田　学校なんかさ、来てくれて当たり前やろ。お金もらって当たり前やろ。保健室なんか、おりゃいいんや。何しても（自分から何かしなくても向こうから来てくれるのが）当たり前の世界におると、顔がさ、変わるんじゃねぇの。

❇ちょっと〝お客さん〟集めに、教室へ〝営業〟に

■菅井　授業はその頃からしてたの？

■山田　それがな、好きなんやな。新採用は山奥の小学校で、その学校のはじめての養護教諭。赴任して行ったら、地域のオバサンが、「今度来た用務員はあんたか」って言うから、「用務員じゃないけど、似たようなもんです」って。暇やけん、小学校六年生の保健体育の教科書見たら「牛乳は体に良い」っていうのがあったんや。担任の先生に「これ、やっていいですか」って聞いたら、「年間一一時間の保健の授業、全部やってみらんかえ」って言われて。そんであたし、教室に洗面器持って行って、「なんで手を洗うと病気になりにくいか」とか、寒天に手をつけてカビが生えるっていう実験があるやん、あんなのをやったり、「牛乳は本当に栄養の王様なのか？」っていう授業をした。

　多分あたし、間違ったことも教えちょるよ。でもな、子どもたちがとりあえず面白がってた。五八人の学校やったら子どもたち保健室に来んよ。しかも保健室の先生って何者か知らんのや。誰も来んけん、ちょっとお客さん集めに「営業」に行きました。そんで子どもが保健室に来るようになった。その中に一人、場面緘黙《かんもく》の子がおったん。子どもたちの話によると、学校の近くに木があってな、その木の手前まではしゃべるんやって。木を過ぎると、ぴたっとしゃべらんようになる男の子。

　暇なもんで、あと誰もケガもせんかったし、お客様呼び込み作戦パート２（笑）。担任の先生に、「授業行ってもしゃべってねぇみたいやし、時々保健室に来れませんかね？」って言ったんよ。そしたら担任の先生も、「おまえ、一日に一時間ぐらい保健室に行かんか？」って。そしたらその子が来たんよ。最初はしゃべりよらんかったんやけど、多分あたし、遊んだだけと思うんやけど、しゃべりだしたわけよ、キャッキャッ言って。

「今日、彼がこんな話したよ」って言っても誰も信じんちゃ。結局、ほとんどの人としゃべらんまま卒業したけど、保健室では笑顔見せていっぱいしゃべってくれたんで、考えたら、これも私に向いてる仕事なんかな、って思ってな。一人の子とつき合えるやん、部屋があるで。授業は「営業」、一人の子とつき合うのも面白い、それで目覚めた。新採用から三年、そんなことばっかりやっとった。

新任の頃の授業はこんな感じ！

自宅に遊びに来た子どもたちに手話を教える。

■菅井　性教育はその頃からやってた？

■山田　牛乳の授業と手を洗う授業と性教育を、同じ力の入れ方でやってました（笑）。男女の体の変化とか、やり方全然わからんけ、近くの学校の養護教諭に年配の人がおって、その人が授業しちょるち聞いて見に行った。大分大学附属小の養護教諭もやってるって聞いて、年休取って通ったよ。一日保健室におらせてくださいって。見よう見まねでやって、勉強して、そして菅井ちゃんたちと出会った。会うべくして会いましたね。

■菅井　あの旅行（性教育のヨーロッパ研修旅行、一九九六年八月）の頃は、性教協（〝人間と性〟教育研究協議会）のサークルをつくった頃やったっけ？

■山田　まだサークルはつくっとらん。山本直英先生（注2）が「今度ヨーロッパに行くんだけど、あなたも行かない？」って言ってくれて。あたしさぁ、本書いたような人と出会ったのって、山本先生がはじめてやったんよ。そんな人が「行かない？」って言ってくれたらもう、神様に言われたようなもんよ。なんだかわかんないけど「行きます」って、軽いノリで。

■菅井　でもな、いきなり成田空港から目立ってたよ。なんかあの、今や国会議員にまでなった川田龍平さんに、すごい勢いでモノ申したりしてるのを見て、私なんか「ひぇ！　すごい人や」って思った。

■山田　あたし、そういうとこ常識がないみたい。初めて会ったのに、昔から知ってるとカン違いするとこがあるみたい。自分の中ではもう出会ってるわけよ。相手にとっては初めてっちゅうのを忘れとる。

■菅井　本の中で出会ってるってことやね。

■山田　そういうとこ、どうもあるって最近気づいた。

❇村山富市さんが子どもたちにしてくれたいい話

■菅井　それで、「いのちの授業」に来てほしいって、村山富市さん（元首相）に手紙書くわけや。

■山田　村山さんはさぁ、返事が来んかったき、書き続けた。あれよ、映画の『ショーシャンクの空に』（一九九四年公開、アメリカ）で、刑務所から手紙を出し続けてたのを思い出して（あの当時、あたしにとって学校は刑務所でしたので――笑）、閉鎖的な檻の中からの手紙を、最初から五〇通は書こうと思ってた。子どもたちに「大分の田舎から総理大臣になった人がおるらしい。会いたいか？」って聞いたら、「会いたい」って言うから、ほな手紙書いてみる、と。子どもたちは「来るわけねぇ」って言うたけどな、「まぁ、見ちょきな」って。

ちょうど性教協の全国セミナーが終わって家に帰ってきたら電話が鳴って「村山じゃが」って言うんや。あたし、どこの村山さんかわからんで、生徒の親にそんな人おったっけ？　とか思いながら、「どこの人でしたっけ？」って聞いたら、「あんたが手紙出した村山じゃ！」「なんかわからんけど、とにかく行くわ。じゃが、子どもに何か教えるんは、あんたたちの仕事でワシの仕事じゃねぇ」って言われたよ。

そんで文化祭の後に時間を設定して、子どもたちと地域のお年寄りに来てもらって「国会ごっこ」みたいなことをしたんよ。「北朝鮮問題について……どう思いますか?」とか子どもが聞くんよ。そしたら村山さん、「国会よりも緊張する」って言いよった。「総理になって良かったことは何ですか?」「良かったことなんてねえな」(笑)。でも村山さんはいい話をしてくれたよ。

「ワシは人を押しのけて国会議員になったり、総理大臣になったわけじゃないんじゃ。誰かと会って、その人から頼まれた時に、断らん方がいいかなと思ってやり続けたら、いつの間にか総理大臣になっとったんじゃ。そやけどなぁ、カバン一つ持ってあそこに行くちゅうのは孤独なもんじゃ。どんな孤独か教えちゃる。ワシは別府の人間やき温泉が好きじゃ。正月に温泉に入りてぇなぁと思って、三日間温泉に入れてくれ、ちゅうたら用意してくれた。温泉に行ったら、大きな温泉なんに誰も入っちょらん。正月やのにおかしいなぁと思って聞いたら、『総理が入るのでお客様は全部出ていただきました』。総理大臣になるちゅうことは、裸でみんなと温泉に入れんちゅうことじゃ。これはさみしかったぞ」

本当に貧しい中で育って、でも「いつの時代にも自分の周りに助けてくれる人が一人はおった。人はなぁ、そうやって生きていくもんなんやぞ」って、それはいい話やと思ったんや。

講演を終えて。眉毛が自慢の（？）元首相（左）と。

子どもたちは「給料はいくらですか？」とかバカなことを聞くわけよ。全部答えてくれた。そういういい出会いになったのは、子どもたちって利害関係抜きに自分の言葉で話すやん。村山さん、帰る時に「楽しかったわ」って言ってくれた。普通そんな呼ばれ方せんやろ。ストーカーみたいなもんや。

新聞記者が村山さんに「なんでこの学校に来たんですか？」って聞いたら、「なんかわからんけど、手紙が次々と来るんじゃ」って言ったたって。

いま考えたら申し訳ねぇことしたわ。いまでもうち（実家）にお菓子買いに来たりしてくれるよ。この前も私が大分で講演した時に、一番前の席に奥さんと二人で座って聞いてくれた。じゃけんね、講演の中で、「ゲスト・ティーチャーで来てくださった村山さんが今日、来られてます」って紹介したよ。講演の後で新聞記者が村山さんにインタビューして、そしたら「あげん子どもと向き合える先生、あんまりおらんでのぉ。いい人に出会えた」って言うてくれた。まぁ、そんなこんなで楽しい二八年間でしたよ。

❇いるだけで事件が起こる

■山田　ところで、菅井ちゃんは、どうしてあたしにインタビューしようと思ったんですか？

■菅井　「カリスマ養護教諭・山田泉」のナゾが解けるのは、私しかおらんかなと思って（笑）。養護教諭で絶対授業せん人も多いやん。それは私の仕事じゃないですって。

■山田　あたしは、好きやからやるんで、養護教諭やからやるわけじゃないんよ。もしあたしがお菓子屋さんしとっても、観光客集めてしゃべっとったかもしれん。旗かなんか振ってな。

■菅井　テレビのリポーターとかに向いてるんじゃない。

■山田　やりたい！　しゃべらせてくださいよ！　みたいな感じ。それと興味を持った相手の話をものすごく聞きたがるんよ。

■菅井　人の話したことをものすごく覚えてるよね。さっきの村山さんの話なんて、昨日聞いたようにに。

■山田　スイッチの入り方がちょっとズレてる。人の名前覚えられんやろ、計算できんやろ、漢字書けんやろ。だから周りの人は時々迷惑みたいよ、あたしがおることは。特に職員室には居場所がない。

■菅井　そうやなぁ。もし職員室で私が隣の席におったら迷惑かなぁ……。とにかく、常に面倒みると思うわ。

■山田　そうなんや。あたしが行った学校には必ず、見るに見かねて面倒みてくれる人がおるんよ。相田みつをさんの詩に「あなたがそこにいるだけでみんなの心がやすらぐ」ってあるけど、あたしの場合、「あなたがそこにいるだけで、迷惑だった」みたいな……（笑）。わざとやっているんじゃなくて、気がついたらそうなっとる。だから大事なことは、周りの人があたしに慣れること（笑）。

■菅井　私が大分に遊びに行った時に、おかず持って来てくれたオバサンがいたよね。あの人元気にしてる？

■山田　元気元気。毎日洗濯物入れてくれて、「あんたとこの子どもはろくなもん食べとらんでかわいそうじゃ」って、毎日おかず持って来てくれた。頼まないのにしてくれる。ピンポーンなしでうちに上がってくるけどな。

✻人は、いのちを削っていると言うけれど

■山田　授業とはこうあるもんだと教えてくれたのは、永六輔さんの「学校ごっこ」（注3）でしたね。衝撃的な出会いでした。チャイムがちゃんと鳴ってね、国語なら国語を一〇分間とかやるんよ。それ聞いた時、授業ってこうやってナゾを解き明かしていくのか、と思った。

永さんの性教育の話を聞きに行ったら、あたしが性教協で勉強してることと同じやったよ。永さ

んはそれを面白くしゃべるんよ。だから知識も大事やけど、それをいかに楽しんで、ちょっと笑いながら面白がって勉強するか。同じ内容をこうやってしゃべれたら授業がどげぇ楽しいやろと思って、近づきてぇなと思ったんや。

「いのちの授業」は死をテーマにするけど、笑いがあっていいじゃん。死をテーマにした授業で一緒に笑えたら最高じゃん。あたしの授業はけっこう笑うよ。「この中で自分は死なないって思ってる人いますか?」って聞くと、絶対ひとりぐらい「はい」って手を挙げるやん。この人を中心に授業すればいいんや、って思うね。

■菅井　いなかったらどうするん?

■山田　今まで、いなかったことない。クラスの中で一番やんちゃな奴。そいつらは、この授業まぜくっちゃろうと思って手を挙げるんよ。その人がおってナンボ。「ようこそ、いらっしゃいました」

■菅井　いじられてナンボ、みたいな人ね。

■山田　その醍醐味《だいごみ》というか快感というか。この前、鹿児島の小学校六年生のところに授業に行ったんよ（注・Ⅱ「山ちゃん流いのちの授業」参照）。その時に、ある男の子が最初からタオルかぶって寝とるんよ。それ見ると血が騒ぐ。授業の中でな「否定的な子どもの心をどうやって開いたんですか?」って質問が出たんよ。小六が「否定的」とか言うんよ。あたしは「保健室で勉強を教えました。誰が教えたと思う?」って聞くと、みんなあたしを見る。「この中で、山ちゃんのこと、頭良さ

友人で、名インタビュアーの菅井純子さん（右）と。

そうと思ってる人、手を挙げて」って言うと、みんな手を挙げるわけよ。「じゃあ、山ちゃんは（バカだから）生徒に勉強なんか教えられないと思う人」って言ったら、タオルかぶって寝ちょった子が「はいっ！」って手を挙げた。来ましたねぇ。あたしがタオルを持ってその子の頭をなでくり回して、「あんたはいい子じゃ」って言うと、みんなはキョトンと見とるんよ。

「みんなと同じじゃなくてひとりだけ違うことを言うのは、とても面白い。あたしはそういう人を尊敬する」って言って、それからはもうこっちのもんよ。あたしはあの子のために授業するんやから。

最後に歌を歌った時、その子は楽譜持ってなかったんよ。どうするかなぁと思ったら、楽譜を持ってる子のところへ走って行って、最後いっしょに歌ったよ。そういう出会いが好きなんよ。何か覚えたとかなんてことはどうでもいい。とにかく「楽しくて、出会えてよかったね」で生きていけると思う、人間て。あの人のあの言葉を一生覚えてる、とか。あの子に会いたくて、また鹿児島の山奥の学校までもう一回行くわけよ。

その子たちがな、私が帰る時に雨が降って土砂降りやったのよ。その中を上履きのままダーッて走って追いかけて来て、「山ちゃーん」って泣くのよ。映画『二十四の瞳』じゃないけど、これは感動したよ。やめられなくなるわけよ。それを、人はいのちを削ってると言う。削りながらも、もらう部分もあって、そんでちょうどいい。

〔注1〕永六輔さん＝永さんとの出会いは一九九七年頃、ボランティアで参加していた「歩みの会」のイベントで、永さん送迎の車係を担当した時だった。車の中で、今どきの保健室の話をしていたら、赤の信号をうっかり進んでしまった。数日後、家にハガキが届いていた。「素晴らしいドライブ技術をありがとう。また豊後で！　永六輔」。以来、文通をしながら、何かとお世話になった人生の先生です。

〔注2〕山本直英先生＝東京・私立吉祥女子中学・高校副校長を経て、〃人間と性〃教育研究所所長。〃人間と性〃教育研究協議会代表幹事。性教育に着手して32年、各地での多数の講演と大学・短大などでの集中講義をこなしたが、二〇〇〇年六月逝去。

〔注3〕学校ごっこ＝永六輔さんが書いた本で、『学校ごっこ』（日本放送出版協会）という本がある。それとは別に、永六輔さんの「学校ごっこ」という講演会を聞きに行ったことがある。永さんが学校

の先生になって、いじめや自然環境、宗教の行く末等々、真面目でおもしろい授業を行うという内容。笑っているうちに発見があり、教訓があり、そして元気になり、勇気がわいてくる授業。私が目指す授業！　それが「学校ごっこ」。

インタビューを終えて

半分は解けて、半分は深まった〝カリスマ養護教諭〟のナゾ

菅井　純子

山田さんと私が出会ったのは今から一二年前、『性と生の教育』という雑誌の発刊記念ヨーロッパ研修旅行だった。なんだかとても目立っていたが、あきれるほど物を知らない人だとわかり、気づいたら仲良くなっていた。

旅も終わりかけた頃、その雑誌のコラムに感動したという話をたまたましたら「それ書いたん、あたしじゃ」と言われ、とても信じられなかった。それ以来、私はひそかに師と仰ぎ、彼女が住む豊後高田《ぶんごたかだ》に押しかけてはモノ書き修業（?）に励み、彼女が送ってくれる「保健室日記」を繰り返

し読んだ。

今回のインタビューで〝カリスマ養護教諭・山田泉〟が神様じゃないと証明するつもりが、天才とか超能力とか言い放題で面目ない。ナゾは解けたかというと、半分解けて半分深まった。

「死ね」「殺す」と簡単に口にする子どもたちに、いじめで自殺した子どもが遺した言葉を投げかける。そんな授業をするのは子どもたちをとことん信じているからだ。ヒリヒリするような緊張関係にある子どもたちが、本当はいい関係をつくりたいと思っていること、そして十分にその力を持っていることを彼女は誰よりも知っている。

授業をする時は座っている子どもに、自分がしゃがんで同じ目の高さで話しかける。そこだけ真似しても、私には「子どもの目線で考え、子どもの言葉で語る」ことはできない。彼女の授業では子どもたちがよくしゃべる。どの子も自分の言葉で思いを語ろうとする。彼女と一緒にいると自然にそうなる。また興味を持ったことに関しては、ものすごい勉強家で努力家である。真似なんかできないけど、私は私で生徒たちが愛おしくてたまらないから、これからもできることをやっていくのだと思う。そんな当たり前のことを「天然素材・山田泉」に触れると思い出すのだ、きっと。

このインタビューは、東京・柴又の帝釈天《たいしゃくてん》で団子を食べてから六本木まで送ってもらう車中で敢行した。柴又を案内してくださり車で送ってくださった大貫さんに心から感謝いたします。

すがい・じゅんこ＝公立高校教員、福井県在住。〃人間と性〃教育研究協議会会員。

◆このインタビューは『くらしと教育をつなぐWe』151号／2007年12月1日刊より転載させていただきました。

（『We』のメールアドレス＝info@femix.co.jp　ホームページ＝http://www.femix.co.jp）

Ⅱ

子どもたちの心に届くかな？「山ちゃん流いのちの授業」

山田泉さんを「いのちの授業」のゲストに迎えて

二〇〇七年六月二二日（金）、大分県豊後高田市《ぶんごたかだ》の元保健室の先生、山田泉さんがわたしたちの教室にやってきて、とても素敵で感動的な授業をしてくださいました。

山田さんは養護教諭向けの講演会のために鹿児島に来られたのですが、あつかましく「うちの学級に来ていただけませんか」とお誘いしたら、「行くよ！」という返事をいただいて、とんとん拍子に事は進んでいきました。やりとりの途中、体調のこともあって、「授業はできんで」と言われていましたので、事前に山田さんの半年を追ったＮＨＫのドキュメント「にっぽんの現場――心に響け、いのちの授業」のビデオをみんなで見て、当日は、子どもたちが出してくれた質問に一つずつ答えてもらおうという流れで進めたいと準備をしました。

しかし、そこは語りのプロの山ちゃん（彼女は永六輔さんのラジオや他のテレビ番組にも何度も出演されているのです）、すぐに質問を引き取って、山田流「いのちの授業」が始まったのでした。

すごい！　子どもたちの目線に立ち、常に同じ目の高さで子どもの心と存在を受け止めようとする山田さんの姿勢に、わたしは感動しました。

そして、彼女の語りの内容も実に深い世界でした。わたしたちを笑いの渦にまきこみながら、そのまま聞いたら涙なしには聞けない話を、サラリと語ってくださったのです。人が人として生きていく、その本来の姿を、子どもたちの前で描き出してもらったように思います。

自分の死んでいく姿を見せ、いのちを伝えようとした彼女の友人・稙田《わさだ》妙子さんの話には、みないっそう真剣に聞き入りました。もちろん、彼女の生き様もとてもとても素敵です。

授業のあと、子どもたちが書いてくれた感想文（山ちゃんへの手紙）を読みながら、山ちゃんに教室に来ていただいて、本当によかったと思っています。子どもたちの感想文を読んで涙があふれ出したのは初めての経験でした。何人もの子どもたちが「自分が変わった」と書き、「これから山ちゃんを目標に生きたい」とつぶやきました。山田さんに出会えたことに感謝！

山ちゃん、本当にありがとう。

鹿児島県日置市立上市来小学校六年担任
村末　勇介

♣山ちゃん！って呼んでみよう

村末先生　はい！　いきましょうか。はい、では、ユウスケさん。

ユウスケ　はじめましょう！

子どもたち　はじめましょう！

村末先生　はい。えーと、前に話をしていましたが……大分の山田泉さんが来てくださいました。どうぞ！

（拍手）

村末先生　昨日調べたら、山田さんとは六、七年くらい前からの知り合いです。でも会ったのは三、四回くらいで、あとはメールとか……。

山ちゃん　そんなに会ったっけ？

村末先生　そう、会ったんです。広島とかで。で、一応、僕は友達と思ってるんですけど……山田さんは何と思っているか、僕は知りませんよ（笑）。

山ちゃん　お友達！

村末先生　で、出会わせてくださったのが、後ろにいらっしゃる種村エイ子先生。

種村先生　こんにちは！

村末先生　種村先生は、鹿児島国際大学短期大学部の先生で、ご自分ががんになったことをきっかけに、全国の子どもたちに「いのちの授業」をされている方です。この学校にも一度講演に来てくださいました。その時、きみたちはまだ一年生で、お話を聞けませんでしたけれど……。種村先生には、三月くらいにこの学級に授業に来ていただけるよう、あとでお願いする予定です。それから、その隣にいらっしゃる青いシャツの方が田北先生です。何年か前まで、看護師を養成する高校の先生でした。この三人の方に共通するのが〝がん〟です。田北先生は乳がん、山田さんも乳がん。種村先生は胃がん。で、もうお一人、あそこに立ってニコニコされている方が、僕も最近知り合って、今日会うのがはじめてなのですが、東京の朝日新聞の記者さん、氏岡さんです。

氏岡さん　はじめまして、よろしくお願いします。今日は、みなさんに学ばせていただこうと思っています。

村末先生　では、後は……みなさんも知ってるこの学校の先生たちですからね。で、今日は、山田さんが鹿児島にみえるというので、ついでに「うちの学校に遊びに来ませんか?」って声をかけました。でも体調のことがあるので、期待をしながらもちょっと控えめに言ったのですけど、思いがけず「行っていいよ」って言われて。「じゃあ、授業を!」って言ったら、「そんな、できん!」って。「じゃあ、気楽に来てください」ということで、みんなにはこの間、山田さんが出たNHKのテレビ（「心に響け、いのちの授業」）を見てもらって、質問したいことをそれぞれ紙に書いて出してもらったよね。それを、先生が代表して読んで、山田さんにお聞きします。そのうち多分、山田さんが一人で喋り出すと思うので……よろしくお願いします(笑)。あ、それから、山田さんは『「いのちの授業」をもう一度』という涙あり、笑いありのものすごくおもしろい本を書いています。ですから、山田先生と呼んだ方がいいですね。

山ちゃん　あのね。私は〝先生〟って呼ばれるのが嫌いなの。〝山ちゃん〟って呼んでください。

村末先生　山ちゃん！　みんなで〝山ちゃん〟って言ってみましょうか。さん、はい！

子どもたち　やまちゃん。

山ちゃん　声が小さい！　もっと大きな声で。さん、はい！

子どもたち　やまちゃーん！

♣学校はすご～く苦手だった

山ちゃん　大分から来た山ちゃんです。よろしくお願いします！

子どもたち　よろしくお願いしまーす！

山ちゃん　村末先生がね、「授業をしてください」って言ってくれたんですけど、最初、「いや～、ちょっとできないよ」って断ったんです。どうしてできないのかっていうとですね、元気だったら、授業が大好きなので、二時間ぶっ通しでできるんですよ。でも、今年の五月に、またがんが見つかりました。今度は三度目のがんです。今はここ、胸のところにがんが「ぶくっ」と出てきています。皮膚のところにボツボツ転移が出てきています。転移って分かる？　村末先生、字を書いてください。（黒板に「転移」と書く）

山ちゃんはこうしてすぐ人を使います（笑）。この字、「てんい」と読みます。がんという病気は、おとなしくしていてくれたらいいのですが、山ちゃんの場合は残念ながら、学校を辞めた後に転移が見つかってしまいました。この転移っていうのはね、病気の場所が移ることで、がんがあっちこっち散らばっちゃうと、もう治りません。お医者さんから、ついこの前、「山田さん、後の時間は好きなことをして生きて行ってください。もう、お薬の強いのを使っても治りません」と言われました。心配なので、別のお医者さんの意見を聞いてみようと、東京のお医者さんに行きました。「助けてください」と言ったら、そのお医者さんはこう言いました。「今日検査して、すぐに手術した方がいいでしょう。命にかかわる状態です」。そうおっしゃるので、「その後どうなるのですか？」って聞いたら、「しばらく入院生活になります」と。

さらにもう一箇所、お医者さんに行きました。そのお医者さんはこう言いました。「手術して病院で積極的な治療をしたいですか？　それともこれまで通り家で暮らしたいですか？」って。みんなならどうする？　家がいい？　病院？

子どもたち　家！

山ちゃん　家だよね。山ちゃんも家の方がいいなって思って、強い治療をするのを止めました。それで、今はほんの少しのお薬を飲みながら、できるだけ無理をしないようにしています。ここに水筒がありますね（水筒を手に取る）。これをいつも持っています。何で持っていると思いますか？

子ども　飲み薬！

山ちゃん　そう、ここには漢方の飲み薬が入っています。がんのお薬は吐き気があって、時々「ウェッ」って吐きそうになるんですが、これを飲むと少し治まります。熊本にいる漢方のお医者さんに作ってもらっているもので、毎日これを持ちながら生活しています。だから、ちょっと元気に見えますが、実は体の方はそんなに元気じゃない。それで、前だったら小学校から呼ばれたら、うれしくて喜んで行っていたのですけど、今はそれをやっちゃうと、後でまた調子が悪くなっちゃったりするので、お医者さんが「疲れないように、疲れないように、大事にいたわってください」って。それで、いろんな所から「お話しをして―」って頼まれるのですが、ぜーんぶお断りしています。だけどね、来ちゃったのですよ、村末先生の所。どうして来ちゃったと思う？

子ども　いのちの授業をしているから。

山ちゃん　そう！　そうです。あなたって、勘がいいわね～。私が考えていることが分かるのね（笑）。村末先生はいのちの授業をずっとやっている先生だから来ました。いのちの授業をやっている先生の所だったら、きっといい子たちに会えるだろうな～と思って来たら……やっぱりみんな、

「声、小さいよ！　もういっかーい！」、“山ちゃん流いのちの授業”は子どもたちの質問に答え、対話しながら進む。

目がキラキラしています。そこで、まず最初に、山ちゃんの好きな詩、一つ紹介していいですか。

あのね、こんな詩なんです。

生きているということは
誰かに借りを作ること
生きてゆくということは
その借りを返していくこと
誰かに借りたら
誰かに返そう
誰かにそうしてもらったように
誰かにそうしてあげよう

これは、山ちゃんの大好きな、尊敬する永六輔さんの詩なの。永六輔さんは本もたくさん書いてますが、いまは主にラジオで活躍してて、〝ラジオの神様〟って言われてる人です。

さて今日の授業ですが、みんな事前にビデオ（NHK「心に響け、いのちの授業」）を見てくれていて、たくさん質問を用意してくれてるよね。授業時間は一時間だそうですが、できるだけみんなの声を聞きたいから、先生が代表して読んでくれたら、自分から「はい」とか言って、「それは私が書いたの」って、みんなの声で質問してくれたら、山ちゃんはうれしいな。そんなふうにしていただくことで、よろしいでしょうか？

子どもたち　はい……。

山ちゃん　声、小さいよ！　きみたち。もういっかーい！　よろしいでしょうか？

子どもたち　はーい！

山ちゃん　病気のおばちゃんがこれだけ声を出しているんだから、みんな若いんだからさ、大きな声出してね！　では、よろしくお願いします。

村末先生　みんなの質問をここに整理してあります。山ちゃんにも渡してあります。じゃあまず、最初の質問からいきます。「今日学校に来て、どんな気持ちですか？」

山ちゃん　この質問を書いたクワキノくん、どこいるの？

子ども　はい。

山ちゃん　久しぶりの学校はね、すごくそわそわします。あのね、ここだけの話なんだけど、山ちゃん、学校はすご〜く苦手だったの。保健室登校でした。保健の先生が保健室登校、分かる？（笑）つまり、保健室以外の所に行くと、どうも体調が悪くなり、学校苦手でした。だから、今はね、早く帰りたい（笑）。それくらい学校が苦手なおばちゃんです。よろしいでしょうか？

村末先生　ありがとうございました。えー次、「今、何をしていらっしゃいますか？」は、さっき話されましたっけ？

山ちゃん　はい。さっき言った通りで、いま闘病生活で、生きるための治療を一生懸命……生きるための闘いをしています。

村末先生　では三つ目の質問です。「なんで養護教員になったのですか？」

山ちゃん　イワモトくん、あのね、何で保健の先生になったかっていうと、私、もともと元気な子だったから、それまで保健室に行ったことがなかったのよ。それが、高校三年生の時にはじめて保健室という所に行ってみたら、そこにすごくかっこいい男の子たちが三、四人いて、保健の先生とストーブの前で喋ってたの。冬の寒い日で、教室はとっても寒いの。学校の中にこんないい所あるじゃん！　この仕事って何？って、思ったのがきっかけです（笑）。そういうことです。ただですねぇ、気持ちの中で、小学校一年生くらいの時……きみ、小学校一年生くらいの時に病気したことある？

子ども　あ〜、微熱……。

山ちゃん　そう！　微熱。山ちゃんも微熱がずーっと続いて一カ月くらい下がらなかったの。その時に保健の先生が毎日お見舞いに来てくれました。その時のことが頭のどこかにあって、保健の先生っていい仕事だな〜って思って憧れていました。理由はその二つです。では次。はい！

♣クラスで一人になる人がいると、気になる

村末先生　「子どもたちとても仲がいい。どうしてそんなに仲がいいのですか？」

山ちゃん　仲がいいと思う人！　山ちゃん、子どもと仲がいいと思う人！　仲がいいだろうと、思う人？

（一斉に子どもたちが手を挙げる）

山ちゃん　オーゥ！　なぜそう思うか、話してくれる？　どうしてそう思う？

子ども　毎日、会っているから。

子ども　普通に子どもたちと接しているから。

山ちゃん　そうそう、普通普通！　そうなの。普通にやっているだけなのです。でもね、一つだけ他の大人と違う所があるとすれば……子どもにいっぱい助けてもらうことね。村末先生って、何でもできる先生？　それとも失敗する？　間違ったりする？

子どもたち　しまーす（笑）。

山ちゃん　そういう先生はとってもいい先生。もう大人って、いっぱい間違うの。大人って、子どもが教えないと、すぐ間違っちゃうから。子どもがいっぱい大人に、「こうした方がいいよ」「こうしようか」って教えてくれると、大人はぐんぐんぐんぐん元気になります。というのは、山ちゃ

ん、学校に復帰した時に何と言っていたでしょうか？　覚えている人？　いちばん最初に学校に戻った時に、全校生徒の前で私は何か言っていました。何て頼んだ？

子ども　笑わせてください。

山ちゃん　はい、ありがとうね。「一日八回、笑わせてください」って言ったのね。「がんは、笑うと少しずつ免疫《めんえき》が上がるので、みなさん、良かったら私を八回笑わせてください」って。テレビでは、出てなかったのだけど……実はもう一個、お願いしたのです。それは、山ちゃんは乳がんの手術を二回やっていますので、ここ（左胸）のところね、リンパ節をとったので、左手で物が持てなくて、給食の食器を運べません。だから、

「みなさん、私を助けてください。私は、病気をしてできないことが幾つかあります。だからみなさん、私が『これ、持って』って言ったら、『うん』って言って、持ってくれたらうれしいです。どうか助けてください」とお願いしました。そしたら、子どもたちがいっぱい助けてくれるようになって……それで、お友達が増えたかな～って思います。元気で、健康で、たくましい山ちゃんだったら……どうだったでしょうね？　でも、病気をしたことで、いっぱい、子どもと仲良くなれたような気がします。病気はしない方がいいですが、病気がくれたプレゼントかな～って思います。よろしいでしょうか？　あっ！　うなずいてくれてる。ありがとう！

村末先生　それと山ちゃん、もう一つ質問がありました。馴染《なじ》めない子！

山ちゃん　そういえば、もう一個あったね。「クラスに馴染めない子がいたらどうやって接したらいいですか？」。わからん、そんなこと……そうだ！　あのね、私がどんな小学生だったか話すね。六年生の時に、遠足って日があるでしょ。でさぁ、お弁当とか食べる時間があるでしょ。そうすると、みなさん好きなもの同士なの？　それとも村末先生がこの班だって、決めちゃうの？　どっち？

子ども　好きなもの同士！

山ちゃん　私の時もそうだったの。でさぁ、「好きなもの同士で食べていいよ」っていう時に、一人になる子が六年生にいたの。その子は目が悪くて、言葉もうまくしゃべれなかったの。山ちゃんはそういう子が一人いると気になるの。気になるから、のりちゃんと話して、「のりちゃん、ふみかちゃんは多分一人で食べるやろな～。じゃぁきい、一緒に食べようや」、そう言って、のりちゃんと私とふみかちゃんと三人で食べていました。

クラスで一人になる人がいるって、どうしても気になる。性格なのね。だから、この人と一緒にご飯食べたいなあ～って思ったら、その人の所に近づいて行って「一緒に食べよ」とか言うの。それはね。何だかよく分かんないのだけど……。分かる？　頭で考えているのではなくて……。「一人になる勇気と、一人ぼっちにさせない勇気」って、両方いると思うのね。それを、小学校の時からやっていたような気がします。よろしいですか？　はい。

村末先生　すごいですね。

山ちゃん　すごい？

村末先生　そういうふうにできるなんてすごいですよ。

♣山ちゃん流〝否定的な子ども〟への接し方

村末先生　次、はい！　これもすごいね、質問が。すごいですね。「どうして否定的な生徒にもいのちの授業をして、成長させることができるのですか？」

山ちゃん　タナカさん！　どこいるの？　否定的な生徒ってどういう生徒なの？　ちょっと教えて、タナカさん。

子ども　ビデオに出ていた。Kちゃん！

山ちゃん　うーん、Kちゃんね。否定的に見えた？　どうして？

子ども　授業を受けていなかった……。

山ちゃん　そうですね。よく見ていますね。まるでディレクターのようですね（笑）。あのね、Kちゃんのことはね、私、学校に戻る前に電話で聞いてたの。そういうことは、学校の中で一番生徒に人気のある先生に聞くのね。担任か、担任じゃないかなんて関係ないの。それよりもその学校で子どもたちが一番好きだっていう人に聞くのね。それは、校務員さんだったり、図書館の先生だったり、事務のお姉さんだったりする時もあるの。

だから、その時も聞いたのね。「ねえねえねえ。子どもたち、どんな感じ？　実は私、病気してかなり体弱って学校に戻るんだけど」って。そしたら、「Kちゃんっていう子がいてねぇ〜。先生たちを見る時に刺すような目で見て、大人には反発して、誰とも喋らない。友達とも全然上手くいってない」って。それを聞いて、山ちゃん、どうしたでしょう？　はい、学校に戻る一カ月前です。どうしたでしょう？

子ども　………。

山ちゃん　分からないよね。実は、家に通いました。一カ月前から家庭訪問！　家に行って、それで……私の家はお菓子屋さんだから、お菓子持って行って、Kちゃんの家は子ども三人いるのね。で、「一緒に食べようや」って、家庭訪問。用もないのに四、五回、会いに行きました。山ちゃんね、子どものことは学校だけじゃ分かんないと思っていて、そのお家の人が「来るな」って言わなかったら、家に行く方なのね。そして、学校に戻る前の日に、Kちゃんに、「明日から学校に戻るのだけど、荷物を全部保健室に運びたい。あなた、手伝ってもらえませんか？」。それが、山ちゃん流の否定的な子どもに対する接し方かな……（笑）。面白かったら、拍手とかしなさいよ（笑）。

（子どもたち、拍手！）

村末先生　なるほどねぇ！　次いきます。「授業に出なかった生徒をどのようにして出るようにしたのですか？」、山ちゃんは、Kちゃんを体育の授業に連れて行ったのですよね。

山ちゃん　ああ～、こんなこと言ったら怒られるけど……授業に出ない子って、中学にはいっぱいいるのね（笑）。このクラスは？　全員いるよね、あっ、一人欠席ですか？

村末先生　今日は一人、風邪で欠席です。

山ちゃん　中学に行ったらね。欠席の子がふわふわいるの。山ちゃんね、荒れた学校に講演に呼ばれたりするんでわかるんだけど、授業に出ない子って、授業がわかんないのね。それで、Kちゃんの場合も勉強がわかんないって言う。それで、山ちゃん、どうしたかっていうと、副担任だったから、朝自習とかに行って、Kちゃんについてプリントとか一緒にやっていたのね。それでもKちゃんは全然わからないわけよ。

それで、「保健室に行って、勉強する？」って聞いたら、Kちゃんが「します」って言ったの。するとね、放課後来るのかと思ったら、「明日から、数学と英語は保健室で受けます」って言うの（笑）。でさぁ、数学と英語の先生に、「すみません。実はKちゃんが、数学と英語を保健室で勉強したいって言っているのですが」って言ったら、先生がね、「本人にやる気があるなら、じゃ、保健室でちょっと見とってもらえますか」って言ってくれたの。

で、授業に出ないKちゃんと、もう一人保健室登校の子がいたから、その子と三人で毎日勉強をしました。毎日、数学と英語。さあ、山ちゃん、数学を教えきれるでしょうか？　教えられると思う人？　手を挙げて！　山ちゃん、頭良さそうと見える人？

（子どもたち、手を挙げる）

山ちゃん　はい、下ろして。きっと山ちゃんは教えられないんじゃないかなって思う人？

（一人、手を挙げる）

山ちゃん　一人、挙げた！（笑）。クラスにこういう人がいることが大事なの。みんなと違う意見が言えるということは素晴らしい。私、あなた好みよ。高校の時、山ちゃんは数学に弱くて、八点とか七点しか取れませんでした。バカがいいとは言わないよ。でも、わからなかったの。それでね、数学は教えられないから、頼んだの。誰に頼むかってことなんですけど……ＮＨＫのスタッフが三人、毎日学校に撮影に来るわけよ。ＮＨＫって、頭いい人でないと入れないとこでしょ。それで、大学を出たその人たちに、「数学と英語、教えてよ」って頼んだの。そしたらおやすいご用って、見てくれていたの。そしたら、それを見た先生たちの中に「なんか、ＮＨＫの人が保健室で勉強教えてくれてるらしいけど、私たちも手伝おうか」って、気にかけてくれる人が出てきたの。

それで、子どもに聞いたの。「数学や英語の先生じゃなくても、教えてもらってＯＫの先生ってい る？」って。そしたら、「この人とこの人とこの人だったら、教えてもらっていい」って。そこで、職員会議で言いましたね。

「Ｋちゃんが、数学と英語を勉強したいと言い出しました。保護者もそう願っています。今から言う三人の先生に習いたいと言っています。Ａ先生と、Ｂ先生と、Ｃ先生でしたって、名前言って

「この三人の先生たちは、空き時間に教えてあげてください」って言ったのね。

それから空き時間ごとに三人の先生が入れ替わり立ち替わり保健室に来て教えてくれたの。で、二カ月くらい経った頃かな、三人では手が回らなくなって、「他にも習いたい先生はいない?」って言ったら……だんだん先生の数が増えていったの。それで毎日、先生たちがローテーションして個別授業、そうです、別室で特別にKちゃんたちのための授業が始まったの。

で、Kちゃんは半年、いや五カ月かなあ〜、一生懸命勉強して、勉強がわかるようになったのです。それが一つの自信になったのだと思う。いろんな先生たちの助けと、本人のがんばりとクラスの子どもたちの支えがあって、Kちゃんは教室に戻ることができました。だから、その子が何で困っているのか、何かきっと理由があると思うのね。Kちゃんの場合、自分に自信をつけていくってことが大切だったような気がします。

えっと、私、いま、誰の質問に答えていたのだっけ? メイちゃんだったね。これでよろしいでしょうか?

♣「死ね」「バカ」「ぶっ殺す」の言葉を聞くのがつらかった

村末先生 続いてこれもメイちゃんの質問です。「いのちの授業は、今まで何校でしてきたのですか?」

山ちゃん　講師で呼ばれたのじゃなくて、勤めてた学校で？　それとも出前授業のこと？
村末先生　あちこち行って、授業するってことかな？
山ちゃん　あのね。がんになってからね、もう死ぬって、いつも心のどこかにあるじゃない。「自分はがんで死ぬのだろう」って。だから若い人、子どもたちに伝えたいことってすごく出てきて。で、がんになってから六年間くらいは、かなり小学校、中学校、高校に講演に行っていますね。今はちょっと、へこたれていますが……。
村末先生　「なぜ、いのちの勉強をしようと思ったのですか？　きっかけは？」
山ちゃん　ミスズちゃん！　どちら？　きっかけ、きっかけはね。がんになって、学校休んで二年ぶりに戻ったの。そしたら、保健室でね、男の子たちがプロレスとかしているわけよ。したことある？　プロレスしたことない？　この学校の子どもたちは学校ではプロレスなんかしない？　えらいねぇ。山ちゃんの学校、保健室でプロレスは当たり前だった（笑）。
それで、ベッドでプロレスするわけよ。しながら、寝転がったのね。私が「起きんか！」って起こしたら、「だっておれ、がんだも～ん」って笑ったの。山ちゃん、二年間休職して学校に戻ったばっかり。その時、学校辞めようって思ったの。もう、こんな所にいたら死んでしまうって。で、その日の放課後ね、掃除している子どもたちの声を聞いてたら、何て言ってたと思う？「ほうき貸せ、バカ。ぶっ殺すぞ。死ね。どけ」って言ってるんですよ。そんなこと言ったことのある人いる？

聞いたことある人？　そんな言葉を学校で聞いたことある人？　正直、挙げていいよ。

（パラパラと、手が挙がる）

山ちゃん　はい。下ろして。そうなの。山ちゃんのいた学校は、「死ね」「バカ」「ぶっ殺す」は、いっぱい言っています。それを聞いて、ここにいたら自分が辛くなるなって思って、学校辞める前に教室に行って、「私はその言葉がとっても辛くて、それを聞いていると、生きた心地がしなくなります」ってことを言ってから辞めようと思ったの。で、教頭先生もがんでしたから、一緒に話をしましょうと。

何で、そういうふうに思うようになったかというとね、二年間、学校を休んでいたでしょう。その間に、山ちゃん、大分で患者会って、乳がんの患者さんたちのグループをつくっていたのね。テレビや新聞で、「集まりましょう！」って呼びかけてもらって。でもね、その患者さんたちって、次々に亡くなっていくの、分かる？　小学校の一年生、二年生の子どもを残してまだ若いお母さんたちまで、次々に亡くなっていくのね。その最後の場面に呼ばれることが多くて。で、行くでしょ、そしたら、自分もいつかこうやって……人生、終わるんだなあ～って、突きつけられるのね。だけどね、びっくりするのは、山ちゃんたちよりももっとがんの状態が悪い人たちがね、その人のお見舞いに行ったり、その人のお手伝いをしたりするわけよ。「何かできることはないですか？私は、脳にもがんが転移していますけど、あなたのためにできることはない？」って。そうやってがんの患者さんたちは助け合っているのね。そういうのを見ていたので、学校に戻った時に、「違いすぎる！」って。こっちは亡くなっていく人たちよ。でも最後まで助け合っているの。なのに、こっちの人たちは元気いっぱいなのに、「死ね」「バカ」「ぶっ殺す」って言っているの。この違いを見た時に、このまま辞めるのではなくて、「私は、これは嫌だ！」って言って辞めようと思ったのね。それが最初の「いのちの授業」でした。よろしいでしょうか？

で、「その授業はどうでしたか」って、聞いてよ（笑）。それが、ですね（笑）。泣くのよ、中学生の悪ガキたちが。こんな、体がでっかい子たちが、ぼろぼろ泣いているの。どうして泣くのだろうって思ったら、みんな思い出したのね。おじいちゃんが亡くなった時、おばあちゃんが亡くなった時、犬が亡くなった時、猫が死んだ時。そういう自分の周りにあった死を思い出して、ぼろぼろぼろぼろ、泣いてくれました。それで、何か伝わったかなって思って。もうちょっとやってみようと思って、気がついたら七年間、やっていました。以上です。

♣「がんです」って言われた時の気持ち

村末先生　その話、聞くだけで伝わってきますね。いいですか？　みんな、今からだんだん、核心に迫っていきますからね。次の質問は「どうやったら、がんになるのですか？」「なんで乳がんになったのですか？」

山ちゃん　どうやったらがんになるか？　素晴らしい質問ですね。マツヤマくんはどこにいらっしゃいますか？（笑）

どうやったらがんになるのか、それが分かったら、多分、山ちゃん、がんになってなかった（笑）。どうしたらいいか分かんないから、治らなくて、再発したみたいです。ただねぇ、食べ物って大事よ。みんな、給食で野菜とか残している子っていない？　あのね、毎日の食生活ってとっても大事だと思う。山ちゃん、保健の先生だから、だいぶ気を付けていたと思うのだけど、でも疲れたら「ただいま」って帰ってから、ジュースとパンだけ食べて「あ〜、お腹いっぱいになった」ってことをよくやってたな。今、お医者さんには、「山田さん、がんは治らないけど、これ以上大きくならないように野菜をいっぱい食べて、お魚や果物を食べて、甘いお菓子とかおやつは減らして、体質を変えてった方がいいよ」って言われています。みなさんたちは今からなので、食べ物・給食、そういうのを大事にいただいた方がいいなって思います。

あともう一個ね、悩みの多い人はがんになりやすいそうです。山ちゃん、ちょっと学校不適応だったから……（笑）。なんかね、合わなかったのです。それで、悩みいっぱいいろいろ抱えていて、それをちょっと我慢しすぎたかな。友達にいっぱい相談した方がストレス溜めなくていいっていうことは外国のデータにも出ているそうです。本当は、なんでがんになったのか分かりません。よろしいでしょうか？　野菜食べている？

子ども　まあ……。お菓子、食べすぎている。
山ちゃん　食べすぎている？　あ〜、じゃ、がんになりたかったら、食べすぎてね（笑）。はい！
村末先生　じゃ次、「がんと知った時、どんな気持ちでしたか？」
山ちゃん　クボさん！　クボくん！　きみがもし、がんだと言われたら、どんな気持ちになると思いますか？
子ども　遊んだり暴れたりできないから、嫌な気持ちになる。
山ちゃん　そうだねぇ。遊んだり、暴れたりできなくなるから嫌な気持ちになる。そう、嫌な気持ちでしたね、私も。たださぁ、元気な保健室のおばさんだったのに、ある日、突然「がんです」って言われたのね。それまで元気で、なんでもなかったのに。
何かこの辺にできているけど、何だろうこれって思って病院に行ったら、「がんです」って言われちゃったの。こう、普通に歩いていた人がどん！って落ちちゃった感じ。ちょっとでもどこか痛かったら、病気かなって思ったかもしんないけど……そういう症状は全くなかったのね。だからすごいショックで、この元気な山ちゃんが外を歩けなくなりました、三日間も！
外に出ると、お日様が出ているでしょう、眩しくて外を見られないの。種村先生、そうじゃなかったですか？　なんかいきなり告知受けちゃったのでね、パニクりましたね。一回目そうでした。そして二回目、再発しました。その時は死ぬんだなって思いました。あ〜、私、死ぬって。さっき言った、亡くなったお友達の顔が全部浮かんで……。私も、ああやって死んで行くのかって思うと、涙が溢れて、どうしていいか分からなくなりました。

三回目。転移ね。これはねぇー、涙、出なかったよ。死ぬ準備をしようと思いました。それはどういうことかというと、残った時間をどう使おうかなって、今一生懸命考えています。がんになるとね、誰でも人はそういうことを考えるのではないかな〜って思うのですが。でも、言っとくけど、がんにならなくても、みんな、いつか死にますからね。だから、山ちゃんだけが死ぬのではなくて、みなさんも時間は違いますけど、いつか人生、終わっちゃうからね。はい。

♣校長先生が病室に運んできてくれたものは？

村末先生　「最初、入院した時に生徒たちや周りの人たちはどんなメッセージを届けてくれましたか？」

山ちゃん　クボくんよね。乳がんになった人にどんなメッセージが届きましたか？

校長先生がいい先生でね。この学校の校長先生（校長先生が廊下から授業を見学されている）も立派な校長先生ですけど（笑）。私の学校の校長先生もとってもいい校長先生で、入院している病院が学校から一時間くらい離れているの。なのに、しょっちゅう来てくれるのよ。「校長先生、どうして、何でそんなに来るんですか？」って聞いたら、「いや、出張じゃ」って言うんですよ。出張がそんなにあるわけないですよ、こんな山奥の学校で。でも、本当によくお見舞いに来てくださいました。その時、校長先生はある物を持って来てくれました。さて何でしょう？

子ども　千羽鶴！

山ちゃん　千羽鶴？　おー、誰もくれなかったなあ～(笑)。みんな、ちょうだいよ。はい。何を持ってきたでしょう？　校長先生はある物をせっせと運びました。何でしょう。こういう時は二、三人手が挙がらないと面白くないじゃない。はい、手を挙げて！

(子どもたち、手を挙げる)

山ちゃん　そうそう！　まるで脅迫したような(笑)。はい、何でしょう？

子ども　お菓子！(笑)

山ちゃん　山ちゃん、がんね。がんにお菓子は？……。でもねぇ。お菓子くれる人、多かった、本当に。食べたことのないお菓子いっぱいくれる人多かった。でも、校長先生はお金を使いませんでした。何をくれたでしょう？

子ども　手紙！

山ちゃん　そうです。ヒュウガくん。手紙を持ってきてくれました。手紙をどっさりとね。それも、しょっちゅう！　五八人の学校だよ。何回も書くの、子どもたちが。それはね、校長先生が「書け」って言ったんじゃなくて、子どもたちが「校長先生、山ちゃんはどうしているんだ？」って言って、「いや〜、明日行くから」って、それを運んできてくれてたの。今でもその手紙を大事にしています。はい！

村末先生 「プラスの気持ちを持てば、病気は治りますか？」

山ちゃん 治る人と、治らない人がいます。誰だっけ？

村末先生 タカヒロくん。

山ちゃん タカヒロくん！「プラスの気持ちを持てば、病気は治りますか？」ですね。治ったら、いいよね。治った人もいるのね。種村先生は、プラスの気持ちを持って、治った人。私も持っているはずだったのに、治らなかった人ね。確かに治った方がいいよね。治らない人から教えてもらった話をしたいのだけどいい？　じゃあ、ここだけはちょっと、前を向いて聞いてね。治らなくて、亡くなった人のことを、病気に負けたって言う人もいるけど、山ちゃんはそうは思わないのね。治らないっていうことは……その人のせいじゃないと思うのね。だけど、最後のその瞬間までどう生きたかってことは、その人の人生がとても現れていると思います。一枚の写真を持ってきたので、その人の話を聞いてくれますか？　貼っていい？

（黒板に写真を貼る）

♣人生にとって一番大切なものはなに？

山ちゃん　ちょっと、ちっちゃい写真だけどね。この方です。テレビで見たかな〜。テレビで映っていたかな〜この写真。植田妙子《わさだ》さんという方の写真です。読んでみましょうね。お名前をね。さん、はい！

子どもたち　わさだ・たえこさん！

山ちゃん　読んでみてください。はい。さん、はい！

子どもたち　ホスピスからのメッセージ

山ちゃん　いい声しているね〜。ホスピスってどういう所でしょうか。知っている人。ホスピスは何じゃろか。だいたいでいいよ。はい。

子ども　病院……病院みたいだけど……ちょっと違う……。

山ちゃん　そう。病院みたいだけど、ちょっと違う。どう違うんだろうね。ホスピス。ホスピス。知っている人いますかー。

子ども　養護施設。

山ちゃん　養護施設。子どもたちが暮らす施設だね。そういうのもあるよね。ホスピスってね、余命ってわかる？　がんの末期の病気で、「あなたの残された時間は三カ月くらいですよ」って言われて、その間病院で過ごす人もいます。だから治すために入るのではなくて、がんという病気は激しい痛みがきたりしますよね。その痛みを止めたり、その人がその人らしく時間を過ごせるようにお手伝いをする、そういう病院です。そのホスピスで最後に撮った写真です。この方なのですけど……。

この写真はね。植田さんが天国に旅立つ三〇分前の写真です。亡くなる前に、看護師さんが来たのですよ。「写真、撮りましょうよ」って。みんなで「じゃあ」って撮ったのね。普通の病院だったら、そういうことできると思う？　できないよね。ホスピスって所は、そういうことをしてもいいよって言ってくれる病院ね。その植田さんと私がどう出会って、どうお別れしたかって話をしてから休憩を一回とりたいのだけど……。私、何分しゃべった？　四〇分でしょう。そろそろチャイム鳴るね。

植田妙子さんはね、山ちゃんと会ったのは、今から六年前です。患者会って、乳がん患者さんたちが集まる会にふらっと来てくれたの。そして、こう言ったのね。

「みなさん、こんにちは。私の名前は植田妙子と言います。私は乳がんが転移して、脳と肺と骨に転移しています。余命三カ月と言われました。今は、ホスピスからちょっとの間だけ家に帰って来ています。私がした治療のことや、私の話がみなさんのために何かお役に立てばと思って参りました」って言ったの。

びっくりしない？　そんなきつい状態で「誰かのためにお役に」って……。その後、植田さんは山ちゃんのお願いに応えて、一年に三回も学校に来てくれて、中学生たちのために「いのちの授業」

をしてくださったのですが、最後にこんなことがありました。

植田さんに娘さんがいます。奈己《なみ》さんって言います。奈己さんから電話がありました。「山ちゃん、今日の夕方、母が旅立って行くと思います。よろしかったら、お別れに来てください」って。山ちゃん、「最後のお別れにホスピスに行ってもいいのですか」って聞いたら「来てください」って。それで、すっ飛んで行ったのです。そして、病室のドアをパッて開けたら、植田さんは「山ちゃん、一人で来たの?」って言ったのです。妙子さん、誰を待っていたのだと思いますか? ヒント、これを見てごらん。山ちゃんと誰を待っていたと思う?

子ども　家族!

山ちゃん　家族ねぇー。ご主人も前に亡くなっているの。そう、生徒を待っていたのです。いのちの授業を一緒にやってきた子どもたちを待っていたのです。それで「連れて来ていいですか?」って聞いたら、「うん」っておっしゃるので、また学校に帰って、帰りの会が終わってから急いで二人を連れて行きました。夕方ね。その二人は、何度も山ちゃんと一緒にホスピスに通って、人が死ぬっていうことはどういうことなのか、生きるってどういうことか、勉強した子どもたちです。植田さん、最後にこの子たちの手を握って、こうおっしゃいました。はい! ここは聞いてね。

「ふうちゃん、みいちゃん。私をよく見て。人が死ぬということはね。歩けなくなって、ご飯を食べられなくなって、お水をごっくんと飲めなくなることなのよ。あなたたちはその全部ができるでしょう。今のうちにやりたいことを精いっぱいやって、悔いのない人生を送ってくださいね」

と、おっしゃいました。

もう、ふうちゃんもみいちゃんもぼろぼろ泣いていました。こうもおっしゃいました。私がね、「植田さん。人生にとって一番大切なものってなんでしたか?」って聞きました。「なんでしたか?」ですよ。これで、お話しするのが終わりだと思っていますから。そしたら、

「そうねぇ。お金じゃなかったわ。お金じゃないわ。自分をさらけだせる友達がいるかってことよ。ふうちゃん、みいちゃん。今いなくてもいいのよ。人に優しくしていたら、必ずそういう人に巡り会うのよ。三〇歳になってからかもしれない。四〇歳になってからかもしれない」

っておっしゃったのです。最後ね。手を握っていたら、妙子さんが私に……こう言いました。

「山ちゃん、あなたはこれからも人のために、あなたがしたいと思うことをやり続けてください。あなたに会えて良かった」って。

もう、ふうちゃんはずーっと泣いておりましたけど……。

「そろそろお別れの時間です。神父さんがみえました」って言われました。ホスピスを出て行く時にふうちゃんとみいちゃんがね、こうしたのですよ。見ていてくださいよ。こうやってね。(ゆっくりと、頭を深く下げる) 美しいお辞儀をして「さようなら」って言いました。山ちゃんね、さようならが言えなかったですよ。でも、子どもはすごいよね。「さようなら」って言って、そして、その三

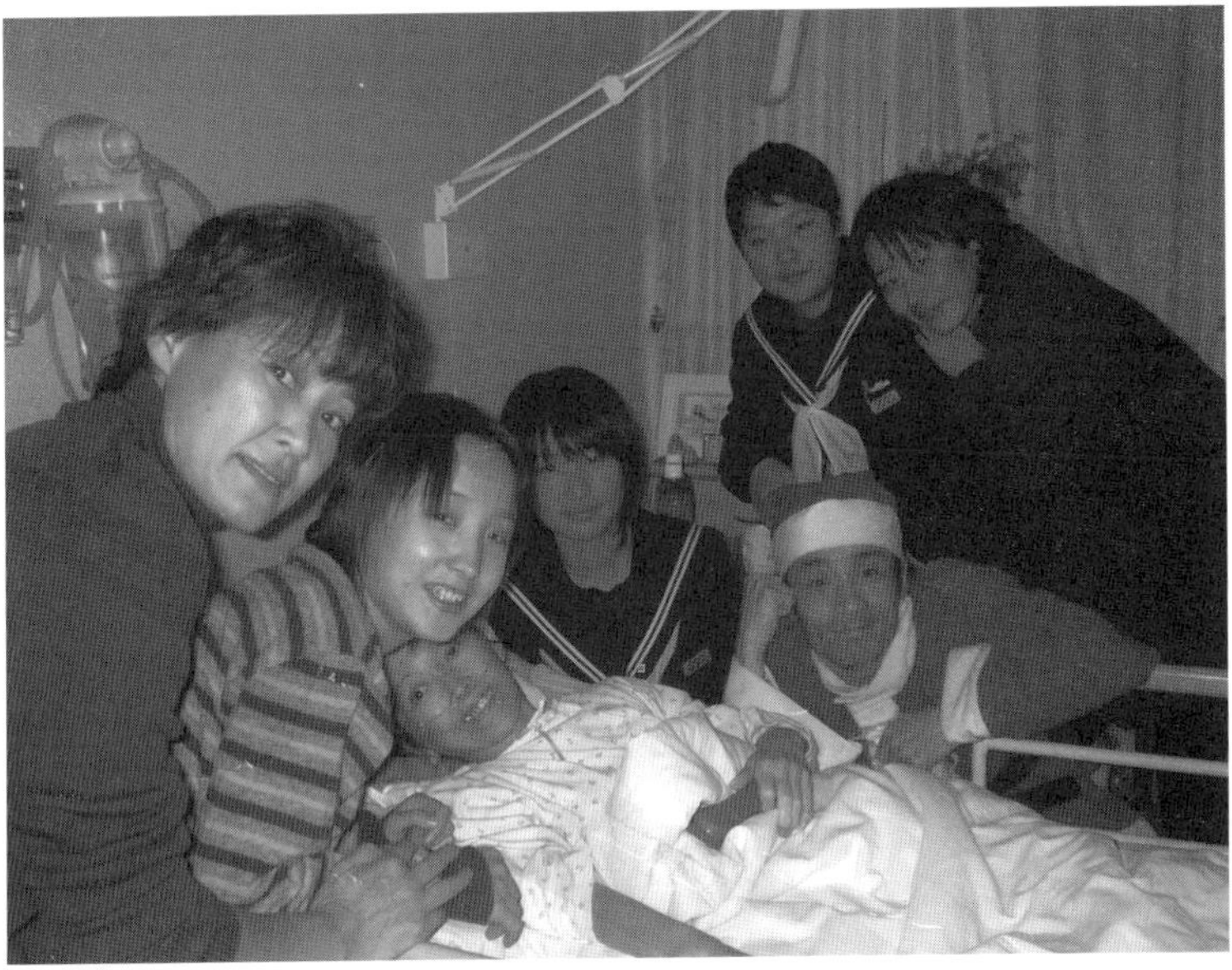

ホスピスで稙田さんと最後のお別れ。

○分後に妙子さんは深い眠りにつかれました。

山ちゃんは体がしんどいし、本当は泣いてばっかりいる時間もあるのだけど、なんでこうやってここに来るかっていうとね、妙子さんが見ているような気がするのね。この辺で。妙子さん余命三カ月って言われても、私の学校に来て子どもたちに話してくれたのね。私は、妙子さんほどのことはできない。だけど、ちょっとだけならできるなって思って。病気になったこと、本当は辛い体験って話したくないよね。分かる？　面白いこととか、楽しいこととかしゃべりたいでしょ。辛いこと思い出して話すことって、すごく辛いのだけど……。でも、妙子さんに教えてもらったようにできるだけ、悔いのない人生を送りたいなって思って、みなさんに話しています。質問は半分くらいで終わってしまいましたが、今何を感じているか、どう思ったか何人かに聞いて、一回休憩していいですか？

♣山ちゃんは、何でそんなに元気なの？

村末先生　どうでしたか？　心に響いたことを言葉にしてくれるかな。
（手が挙がる）
山ちゃん　ありがとうね。何か言ってくれるって、うれしいよね。
子ども　稙田妙子さんが最後まですごい人だなって思って。で、それに少しでも近づこうとしている山ちゃん……山ちゃんもすごいと思いました。
山ちゃん　ケイゴくん、ありがとうございます。すごいよね。子どもたち、こういうことを言えるからねぇ。他には何か……山ちゃんに何か……言ってみようかなっていう人はいないかなあ～。
村末先生　整った言葉じゃなくていいから、感じたことを何か言って。せっかく来てくれたんだから。
子ども　もし、僕だったら……。
山ちゃん　コウタくん、「もし、僕だったら」って考えてくれたのね。それがね、私はうれしい。もし自分だったらって、一緒に考えてくれたことがいのちの授業で一番大事なことね。
子ども　稙田さんは余命三カ月と言われていたのに、頑張っていてすごいと思いました。

山ちゃん　すごいよね。

子ども　さよならをする時にお辞儀をして、本当にすごいな～と思いました。

山ちゃん　そうだよね。それがさあ。綺麗なお辞儀だったのよ。美しいのね。起立・礼っていう時のお辞儀と違うの。本当にね。尊厳って分かるかな……その人のことを「本当に心から尊敬していました」というお辞儀。それが体に出てきたのね。よく気が付いてくれました。

子ども　稙田妙子さんは余命三カ月なのにがんばって……最後に山ちゃんにがんばってと言って、亡くなって。いい亡くなり方で、それがすごいと思いました。

山ちゃん　いい亡くなり方ね。そう、いい生き方をしていたのよ。だからね、最後にいい亡くなり方をしたのね。そういう気がしますね。……あっ！　もう、五〇分やっちゃったね。今、何時？もう帰る時間だ！　ごめん。みんなの質問、ちょっとで終わっちゃった。じゃあ、最後してから終わりますね。休み時間、とっちゃったね。続けて大丈夫？　トイレ行きたい人いない？　大丈夫？じゃ、あと何分やっていい？

村末先生　ぼくはずっといいのですけど……。山ちゃんはこのあと、講演があるからね。

山ちゃん　じゃあ、五〇分までやっちゃっていいですか？

村末先生　はい。みんな、いいですか？

山ちゃん　いいですか？　大丈夫？　五〇分まで、答えられるところまで答えて。はずれた人たち、ごめんね。こういうこと、何ていうか分かる？　また来なさいってことかな（笑）。半分で終わったから「また来なさい」って。もし、生きていたらまた来てもいい？

子どもたち　はい！

山ちゃん　こういう時は拍手するのよ。拍手！

（子どもたち拍手！）

村末先生　じゃ、一番最後にいきます。「何でそんなに元気なの？」

山ちゃん　あのね。元気ではないのですけど……。家族と友達がいるからです。みなさんにも家族、友達がいるでしょう。人間って人の中でしか、生きられないと思うよ。私はね、うちの夫、真ちゃんって言うの。ちょっと言ってみて。さん、はい！

子どもたち　しんちゃん！（笑）

山ちゃん　真ちゃん、うちの夫、とってもいい人なのよ。テレビでも映っているけど（笑）。そういう夫がいて（子どもたちもだけど）、今の状況を分かって支えてくれているっていうこと、それとやっぱり友達だよ。ここにいらっしゃる種村先生にもどれくらい助けられたかわかんない……。私がね、こうやってまだ誰かに何かを伝えようって気持ちが残っているのは、いい友達が何人もいるからだと思います。「どうして、がんばれるのですか？」、山ちゃんががんばっているように見える人？

（手が挙がる）

山ちゃん　（笑）そうね。好きなことをする時はがんばっています。今日は好きなことをしているので、がんばっていますけど……でも、がんばりすぎないように体を大事にして生きていきたいなあと思っています。最後の方、いっていい？　もういいかな？

♣宝物は子どもたちから届いた手紙

村末先生　みんなの中で、ぼくの質問、私の質問、答えてくれてないじゃない、どうしても私は聞いておきたいっていう人いますか？　今、聞きながら、これはどうだったのだろうかって、思いついた人？

山ちゃん　えーと、山ちゃんの方から一つ付け加えますね。なんでそこまでがんばれるのですかってこと。いちばん大きなエネルギーになったのは、あのテレビに出てきた中学生たちからの手紙でした。先週届いたのですけど、ここに持ってきました。Kちゃんを覚えている人！

（手が挙がる）

山ちゃん　はい。下ろしてくださいね。え〜、なんだったけ……問題のある生徒じゃなかった？

村末先生　否定的な生徒……。

山ちゃん　そうそう！　否定的な生徒（笑）。でもねぇ〜、そのKちゃんからこの手紙をもらった時にね、私は大声で泣いたよ。もう、こんなに涙が出るのかっていうくらい泣きました。最後にそのお手紙を読んで、お別れしたいな〜と思うのですが……聞いてもらえますか?

子どもたち　はい。

（拍手）

山ちゃん　（持ってきた手紙を開いて）私、これ見ると、涙が出るの……どうしよう、泣いたら……ちょっと待ってね（涙をぬぐって）。

《私はまだ山ちゃんのこと「山ちゃん」って呼んだことないね。だからこれからは「山ちゃん」って呼ぶことにします。今まで、山ちゃんには支えられてばっかりだったから、これからは私達が山ちゃんを支えるね。山ちゃんみたいにはできないかもしれないけど、私は、山ちゃんに恩返しがしたいです。私は一番迷惑をかけてしまったし、山ちゃんがいなかったら、今の私はなかったよ。本当に、感謝してるよ。人を信じることを教えてくれたのも山ちゃんだったからね。山ちゃん!　辛い時は言ってね。何もできないかもしれないけど、聞くことは私にだってできるから。》

山ちゃん　（涙）これは、Kちゃんからの手紙でした。いいしょ!　拍手!

（拍手）

山ちゃん　次は、Oちゃんからの手紙です。Oちゃんはね、テレビに出た中で一番ハンサムだと思うのだけど。

《……三年生になると、勉強や部活、日常生活のことなど大変で、悩むことも多くなりました。でも僕はそのたびに山ちゃんのことや、山ちゃんと共に学んだことを思い出します。実は、山ちゃんと出会うまでは、僕は人と話をするのが苦手であまり笑わず、暗い感じの中学生でした。でも、山ちゃんが戻って来てくれて、優しく笑顔で接してくれて、本当にうれしかったです。山ちゃんは僕たちに命の大切さ、生きていることの素晴らしさなどたくさんのことを教えてくれました。……僕も山ちゃんとできればもう一年、いっしょに生活したかったけれど、山ちゃんに負けないように僕も一生懸命に生きて行きたい。そして、早く夢を見つけて、毎日笑顔で突き進んで行きたいです。》

山ちゃん　これも、うれしいのよ。でも、私がもっとうれしいのは、山ちゃんと出会ったことで「僕も一生懸命生きて行きたい」。そして「早く夢を見つけて、毎日笑顔で突き進んで行きたいです」。そういうふうに考えてくれたってことが、すごくうれしかったです。Oちゃんに、拍手！

（拍手）

山ちゃん　えーじゃ、あと一人だけね。この人はね、お母さんが病気で……何度も……亡くなる寸前までいったのね。で、自分のお母さんが病気だっていうこと、みんなには言ってなかったの。最後のいのちの授業で、これはテレビには流れませんでしたけど……。彼が「みなさん、聞いてください。僕の母は病気です」って言って、自分がどれだけ今まで辛かったかといったことを、みんなの前で話しました。その子が書いた文章です。

《僕は、山ちゃんと出会って人生が変わったと思います。僕はこう見えても、自分の伝えたいことを伝えられない性格でした。でも、山ちゃんと出会い「自分の気持ちを自分で伝えられる」「自分で言える」ということができるようになり、また、楽しい学校生活を送れるようになりました。僕は、山ちゃんみたいな大人になりたいなあ～と思っています。山ちゃん、人は、ただの人間ですよ。だから、自分はまだ生きる。自分は大丈夫と思えばいいのです。笑って、笑って、抗がん剤の代わりにも効く笑いで治してください。もしそれでもくじけそうになったら、三年生全員を呼んでください。すぐ駆けつけます。もし一人でも欠けることがあったら、僕が必ず連れて行きます。

最後に山ちゃん。三年生は九名のクラスではありません。山ちゃんも最後の授業の時、生徒になってくれたじゃないですか。十人のクラスです。いつまでも輝いていてください。そして、僕のことを忘れないで。みんなを信じて、泣かないでください。》

山ちゃん　はい！

（拍手）

山ちゃん　ねぇ、大人は書けないのね、こういう文章が。誰かがいのちのピンチの時に「がんばってください」とか、「祈っています」とかって書くけど、こんな文章は大人は書けない……。

それと、自分のことをこんなに書いてくれたっていうことがすごくうれしかったです。もし、いつかみなさんも感想など書く時間がありましたら、自分のことも少ーし書いてくれると、うれしいな。では、四五分になりましたので、私の話は閉じたいと思います。

（拍手）

●――授業を終えて

子どもたち一人ひとりとの対話

村末先生　感想、今言いたい人は？

山ちゃん　村末先生、あと五分あるでしょう。ひと言でいいのでみんなの声、聞いていいですか？

村末先生　はい。

山ちゃん　（席をまわりながら、子どもの側にしゃがんで聞く）どうでしたか？

子ども　…………………………（涙）。

（何か言っているが、二人のやりとりなので聞き取れない）

山ちゃん　手を挙げてくれてありがとう。またね。

子ども　…………………………。

山ちゃん　ありがとう。そう思ってくれたのね。

子ども　今日の山ちゃんの話を聞いて、いのちがどれだけすごいか、わかりました。

山ちゃん　そうだよね、生きるってすごいことだよね。

子ども　………………………。

山ちゃん　手紙とか書いてくれていいなって、思った！　はい、ありがとうね。

子ども　山ちゃんの話を聞いて、いのちの大切さとか、ああいう手紙をもらって勇気づけられるのがすごいと思った。僕もいのちを大切にしたい。

山ちゃん　ありがとう。

子ども　………………………。

山ちゃん　なるほどね。手紙とか書いてくれる、Kちゃんはいいなって思ったのね。

子ども　僕はがんになったことはないけど、もし病気になった時には………………。

山ちゃん　そうです。日頃そうやっていると、がんになった時にもできると思う。

子ども　今日、山ちゃんの話を聞いて、がんになって、それでも学校に行って、いのちの授業をして、すごくがんばる先生だなって思った。

山ちゃん　はい。

子ども　僕は、今日山ちゃんの話を聞いて、素晴らしい生き方をしようと思いました。あと、がんにならないように野菜や果物をたくさん食べたいです。

つぶやくように語る子どもたちの感想に耳を傾ける。

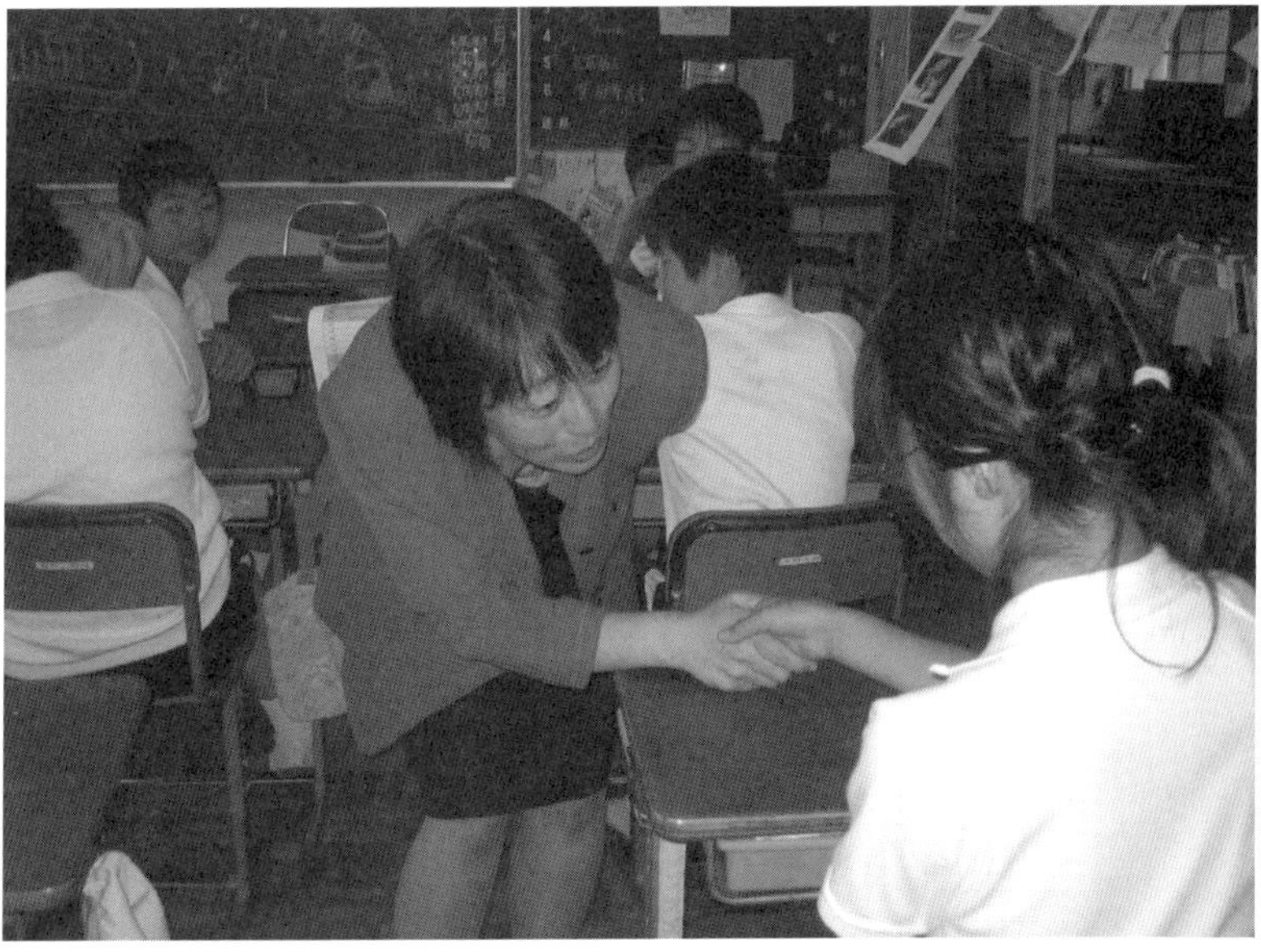

授業の終わりも全員に握手して、ありがとう！

山ちゃん　素晴らしい！

子ども　もし自分ががんになっても人の役に立てたらいいなあ～と思いました。

山ちゃん　そうだよね。日頃、人の役に立つように生きていたら、病気になってもできるものね。はい。

子ども　…………………。

山ちゃん　そうね。がんになった時もそうだけど、日頃から人と笑顔で接するとか、人に優しくするとか、そういうことを毎日毎日積み重ねてやってちょうだいね。病気ってね、がんじゃなくてもくるからね。毎日、この教室でやるのよ。みんな、いい！　今言ったことを教室の中で毎日やるの。いい？　約束よ。はい！　約束よ！

子どもたち　はい！

山ちゃん　はい！

子ども　僕も山ちゃんの話を聞いて、いのちの大切さを学んで、いじめとかで自分で死ぬのはいけないと思った。僕も友達ががんとかになっていたら、メッセージとかたくさん送りたい。

山ちゃん　誰かが困っていた時にメッセージをたくさん送りたい。いじめで自殺するってことは駄目だって思ったのね。きみは今言ったように、いじめで自殺しないよね。

子ども　うん。

子ども　……………………………（涙）。

山ちゃん　泣かしちゃった……。ありがとう、一生懸命に聞いてくれて。ありがとう。涙を流しながら、きっと何かを伝えてくれているのだと思うのですよ。今日はありがとう！

子ども　山ちゃんの話を聞いて、僕もがんになる前にしたいことをたくさんして、植田さんみたいに最後まで頑張って生きたいです。

山ちゃん　したいこと、一生懸命にするのよ！　はい。

子ども　山ちゃんの話を聞いて、いのちは大切でとても素晴らしいと思いました。そして、がんになったら、人のために役立つようになりたいです。

山ちゃん　その時のために、この教室で毎日を人に役立つように生きてください。

山ちゃん　はい。最後、マミコちゃん。

子ども　山ちゃんの話を聞いて、いのちの大切さやがんの辛さがわかったと思いました。私もがんになったら、山ちゃんみたいになりたいです。

山ちゃん　あのね、病気にはならない方がいいんよね。毎日毎日をどう生きるかってことが大切なんだよー。はい、もうそろそろ時間ですが、たくさん言ってもらいました。山ちゃんは……こう思って生きています。

『一日一生』（黒板に書く）

山ちゃん　いっしょに読んでください。さん、はい！

子どもたち　いちにち、いっしょう！

山ちゃん　一日が一生だと思って、生きています。みなさんも、この言葉の意味は何なのだろうと思いながら、山ちゃんに出会ったことを……どこかで……覚えていてください。今日は長い時間、私の話をたくさん聞いてくれて本当にありがとうございました。これで、終わります。

（拍手）

村末先生　ありがとうございました。やっぱりねぇ、図々しく頼んで良かったと、聞きながら思いました。あとね、山田さんもすごいけど、山田さんの友達の私もすごいでしょう！（笑）持つべきは友！　本当に！　本当だよー！　今日は後ろに何かのつながりでたくさんの方々が見に来てくださっているのですが、こういうつながりの中で人間は生きているというか……。本当にありがとうございました。

山ちゃん　いえ。こちらこそ本当にありがとうございました。では、帰っていいですか！……あの～タモリみたいに「いやだ」とか言ってよ。「えーッ」とか。（笑）

山ちゃん　帰っていいかなぁ～。

子どもたちの歌のプレゼントに心をこめて拍手！

子どもたち　えーッ。（笑）

村末先生　山田さん、二時から別なところで講演なので、みんなで歌で送ろう！　ねぇ、朝、ちょっと練習しておりました。最初に教えた歌なのですけど……。じゃあ、起立！

山ちゃん　私、歌、大好きだからね。

村末先生　（ギターを持って）元気良く、ね！

♪思い通りに
いかないこともあるけど
だけど捨てきれない
このときめき

傷つくことを

おそれて黙っていたら
眠れない夜ばかり
泣き崩れるばかり
……………………
（「この手でつかみたい」）

山ちゃん　ありがとうございました。
村末先生　さようなら。また、会いましょう。
山ちゃん　さようなら！　じゃあねー。
子どもたち　さようなら！
山ちゃん　何かさあ、笑顔で見送って欲しいわけよね（笑）。じゃあ、またいつか！　村末先生を可愛がってください。じゃあね。バイバイ！

子どもたちの感想（「山ちゃんへの手紙」）

◇——山ちゃん、今日は講演が二時からあるのに、その前にぼくたちのクラスに来てくれて、ありがとうございます。乳がんで体調が悪いのに、ありがとうございました。

ぼくは、山ちゃんに早く会いたいって思っていました。ぼくは山ちゃんみたいにはなれないけど、がんばってみようとは思っています。

ぼくは、「死ね、この世にいなければよかったのに」と言われたことがあります。その時はとてもかなしかったでした。でも、ぼくは、そんなことを言わないようにしたいです。

山ちゃんが、学校に来て、言ったらいけない言葉を聞いて、山ちゃんは学校を退職しようとしたけど、その悪いことを言っていた人に、「そんなことを言っていいの」みたいなふうに言って、悪いことを言っていた人がないて、山ちゃんは退職をしなかったのがすごいと思いました。ぼくだったら、もう何か言う前に退職をしていたと思います。

ぼくのじいちゃんが三年前になくなりました。がんだったと思います。ぼくは、じいちゃんのおみまいに行けませんでした。ぼくは、そのことを今でもこうかいしています。じいちゃんは、死ぬ前にぼくたちの顔が見たかったんだろうな～と思っています。

ぼくは、稙田さんみたいに山ちゃんがなれると思います。ぼくはがんになる前に、いろいろなことをしておきたいと思います。山ちゃんが言った「一日一生」の意味は、一日一日を大切にするという意味だと思います。もし、病気の人がいたらたすけてあげたいです。ぼくは、山ちゃんと稙田さんを目標にしてがんばりたいです。今日会ったことは絶対にわすれたくはありません。もし忘れたら、一日一生を思い出してみようと思いました。山ちゃんが言った、一日一生です。

山ちゃん、今日はありがとう。もしなにかあったら、ぼくたちのことを思いだしてください。ぼくは、これからやさしくて元気で生きたいです。

◆——山ちゃんへ。ぼくは今日、山ちゃんが来て変わりました。ぼくも、たまにどこかへ行けとか言うけど、これからは言わないようにしたいです。それと、稙田さんは余命三カ月と言われているのに、よく最後まで人の役に立とうと思ったなと思いました。でも、それに近づこうとしてる山ちゃんもすごいなあと思った。
ぼくは、今やりたいことがたくさんあります。そして、病気になるならやりたいことをやってから病気になって欲しいです。それと、ぼくは病気じゃないけど、けがで経験したことがあります。友樹くんと遊んでた時に走り回っていて、鉄棒で目を打って、切って、血がすごいたくさん出ました。その時、ぼくは失明したのかなと思いました。そして、ギリギリ目の横の方を切っていたので、失明はしていませんでした。ぼくも病気はほとんどしたことがないけど、けがならたくさんあります。山ちゃんはけがをしたことありますか？

それと、山ちゃんは強い人だなあと思いました。山ちゃんは、死んだ人を見たことありますか？ぼくは5回あります。それで、おじいちゃんもおばあちゃんも、もう一人もいません。だから、山ちゃんも植田さんがなくなった時、悲しかったんだろうなと思います。

山ちゃんの言葉で心に残ったことは、友達を大切にすると言ったことです。ぼくも友達を大切にしたいです。

これからは、山ちゃんにならったことをいかして、植田さんのようにはいかないけど、人に優しく人の役に立つ人間になろうと、今日の授業で思いました。それともう一つ、これからはやりたいことを精一杯やって真っすぐ生きようと思いました。

◆――私は、山ちゃんの話を聞いて、山ちゃん、植田さん、そして病気で亡くなった人たちはすごいと思いました。自分も病気なのに、人の役に立ちたい、人の役に立てたら……と思い、それをするから。

私は今、健康です。元気です。だけど、人の役に立つということをあまりしていない気がします。

これからは、そういうことをして人の役に立てるようにしたいです。

山ちゃんの話は、とても心に届きました。命の大切さに改めて気付きました。これからは、この大切な命を大事にして生きたいです。

「死」ってどういうことだろう?と、私は時々思います。私が四年生くらいの時、ひいばあちゃんがなくなりました。確か、二月十四日だったと思います。その時、私は「自分もいつかはこうなるんだろうな……」と思いました。山ちゃんも、人は病気にならなくても死ぬと言いましたよね。私もそうだと思います。今日の話を聞いて、前見たビデオを思い出すと、山ちゃんが「死」を意識していることは分かります。でも、山ちゃん、がんばってね! 私は、ビデオを見た時に、死とこんなに前向きに付き合えてすごいと思いました。そして、今日も自分の時間をけずってまで話をしてくれた山ちゃんはとてもすごい……。

「一日一生」、山ちゃんの言ったこの言葉、忘れないで心に刻み、一日一日大切にして山ちゃんみたいに真っすぐきれいな人生を歩んでいきたいです。そして、人の役に立てるようになりたいです。途中で諦めたくなっても、山ちゃんもがんばっているのだと思い、頑張りたいです。

最後に、私にこんな偉そうなことは言えないけど、素直に正直に言わせて(書かせて)もらいます。泣きながら感想をいった私を抱きしめてくれた山ちゃんの手は、とてもあたたかかったよ。そして、自分の悲しい体験を話したり、自分の死を考えて語った山ちゃんは、とても強く見えたよ。そして、真っすぐきれいに一生けんめい生きている山ちゃんはとてもすごいよ。私にこんな生き方ができるかどうかはわからないけど、少しでも山ちゃんに近づければいいな。

山ちゃん、これからも病気と共に生きていくことになるけど、がんばってね。またいつでも上市来小六年教室に来てください。いつでも、大大大大大かんげいです。そして、今度はもっともっといろんな話をしてください。待っています。

あなたが話してくれたこと
わたしは一生わすれない
あなたが話したすばらしい話
わたしは一生わすれない
命の大切さをわすれない
このことだけは絶対に
何があってもわすれない
命の大切さをわすれない

Ⅲ

どげしょっかえ?
豊後の山ちゃんわいわい日記

♥山ちゃん、生きてますよー──2007年10月18日

ひさしぶりの日記です。パソコンに向かって日記を書くのは半年ぶり。今日は秋晴れで、外はキラキラと光がいっぱい。私の住む国東《くにさき》半島の山里は虫や鳥の声（だけ）が聴こえるきれいな町。その自宅で、ラジオ「誰かとどこかで」を聴きながら書いていま〜す。私にはこういう時間が宝物です。今日は、永六輔さんが大分に来た時の「ほっとマンマの会」のことを話していましたわ。そうそう、先々週、私は付き人（?）のように、永さんと無着成恭《むちゃくせいきょう》さん（注）のまわりをウロウロしまして、お二人といっぱいおしゃべりしました。楽しかった！　砂時計がパラパラ落ちるように、人には時間に限りがあって、その瞬間をどう過ごすかって、自分次第。二八年間、学校の保健室で仕事にハマッていた私には、今の自由な時間はいとおしいんだなあ。出会った人のご縁で、NHK「にっぽんの現場」に出たり、『いのちの授業をもう一度』（高文研）を出版したりということが続き、毎日郵便受けには、その感想を書いてくれた方たちのお手紙が必ず入っています。うれしいちゃね。

みなさん、私の病状を心配してくださってますので、時々ブログちゅうのを書いて、「山ちゃん、

生きてますよー」とお知らせしようかな。まずは、今週の予定。

明日はＮＨＫ大分のラジオ番組の取材。家に午後、取材のお兄さんが来てくれます。「いのちの授業」の話かな？　よくわからんけど、自宅でおしゃべりするだけなら、楽しいかなと思って受けちゃった。水曜日は、中学生数人が遊びに来る予定。うふふ。町の保健室っていうやつを、こっそり始めよっかな。日曜日は「オードリーの会」（おおいた乳がん患者の会）の定例会のコンサート。半年前、乳がんが転移してからは、ずっとお休みしていたので、久しぶりにみんなの顔を見に行ってきます。そんな普通の暮らしの日記だけど、書いてみよっかな。

〔注〕無着成恭さん＝国東半島にある泉福寺《せんぷくじ》のお坊さん。若い時は郷里の山形県で教師をしており、著書『山びこ学校』がベストセラーとなる。ラジオ『全国こども電話相談室』の回答者としても活躍。

♠ラジオ取材、くたくた――07年10月19日

今日は、ＮＨＫ大分のラジオの取材がありました。午後一時から六時までしゃべって、あごを使いすぎました。終わって気づいたのですが、なんと、これは収録までの打ち合わせだったので

す。五時間ぶっ続けだってば。本番の録音は来週だそうです。ＮＨＫさんって、テレビもラジオも丁寧というか……なんか……こう、気合いが入っているから、お互い体力がいるよね。あのーあたし、がん患者で闘病中なんですけど。

そのアナウンサーのお兄さんは、秋晴れの肌寒い日に、思いっきり涼しげな水色のネクタイでした。体もでかくて姿三四郎（↓古いか……）みたいな青年。水色がお魚みたいでかわいかった。「どーせ長々しゃべるなら、ＮＨＫのラジオ深夜便くらいの長さにしてよね」とわがまま言ったら、水色さんは、「僕、企画出してみます！」と初々しく微笑み、帰って行きました。

相変わらずラジオやテレビや雑誌の取材が続いています。同じ話を何回もするって、ヘンな感じちゃね。飽きた。本当はちょっと新しいことをやりたいんだけど、治療中だしね。疲れやすいしね。今以上に忙しい生活はムリムリ。そうそう、今日は午後、中学生が遊びに来るかも。秋の空を眺めながら、海岸をワルガキたちと散歩でもしょっかな。

◆ プチ保健室―――07年10月20日

今日も秋晴れ、うれしいね。庭のコスモスが風にゆらゆら揺れるのを眺めながら、好きなピアニスト（Shani Diluka）のＣＤ（Grieg)を聴いたりしている私です。な～んて幸せなんでしょう。コスモスがリズムにあわせて踊っているように見える。コスモスには音感があるんじゃねーかな？

昨日は近所の中学生の司くん（一三歳）と、ゆいちゃん（一四歳）がお見舞いに来てくれた。授業終了後の放課後、自転車をこいでエッコラエッコラやって来た。紅茶飲みながら一時間くらいおしゃべり。テーマは「人は成績の順に幸せになれるか?」

お母さんが、呪文のようにそう言うので、それを信じてギリギリがんばっている友達がいて、「そいつはテストの点が自分より下の人を露骨にバカにするんだけど、人生ってそういうことなの？」と言うの。そこで山ちゃんは語る。

「あたしは高校の時、数学が七点だったで。九点の友人を見て、『すごい……郁ちゃんは私よりデキル……』と尊敬したもんじゃゃ。彼は老舗《しにせ》の呉服屋さんの息子でな、今はこの町で店の跡を継いで、着物の似合うイキな旦那さんになっちょる。あたしも郁ちゃんもお金持ちじゃねえけど、そこそこに幸せじゃと思うで」

「山ちゃん、それ、自慢話なの？」

「さあ…………」

とか、言いながら雑談した。なんだかプチ保健室みたいで楽しかったな。司くんもゆいちゃんも、お肌つやつやでかわいかった。

♣ お見舞いに感謝！──07年10月21日

この頃、来客が毎日のように続いています。午前中は、大分市の教会の牧師さんがお見舞いに来てくださった。数年前、緩和《かんわ》ケア研究会でちらっとお会いしたのが始まりだったんですが、以来ず〜っと通信を送ってくださる親切な牧師さん。牧師と神父の違いも、カトリックとプロテスタントの違いもわからない私のために「アーメン」と、お祈りをしてくださるんだからありがたい。

仏教は無着成恭さんのお話が最高。宗教家（?）を友達に持つと、得するちゃね！

午後は「オードリーの会」のプチ取材。関西方面にしか放送されないんだけど、ちょっとだけ、成り行きで受けちゃったわ。この頃、学校現場で悩んでいる教職員たちがかけこみ寺（?）のように、「ねえ〜聞いて〜山ちゃん」とチョコチョコやって来る。一日があっという間に終わるちゃね。その合間をぬって秋の読書。『若者の心の病』（森崇著／高文研）『考えすぎ人間へ』（遠藤周作著／青春出版社）『性のこと、わが子と話せますか？』（村瀬幸浩著／集英社）全部おもしろい！本を読めるって幸せ！

♥若い人の涙って、いいよなあ〜――07年10月26日

大分県の日田市にある昭和学園高等学校の看護学科四年生に、二時間「いのちの授業」をしに行ってきました。六〇名のピチピチのかわいい若者たちの前で、あたし、自由にのびのびとノリノリでお話ししました。だって、ここの専攻科の永楽先生って方がとっても気持ちいい人なんだもん！（↑この日、初めて会ったんだけどね）学生さんのプライバシーに関することは別室でポイントをしぼってさっと打ち合わせをし、すぐに教室へ。

「今日は事前学習をしていた山田泉さんの授業です。では、はじめます」って前置きはそれだけ。

「山田さん、二時間、好きなように授業なさってください」って。

もう〜うれしかった！　大人の中には「長い・くどい・カタイ」前置きを蕩々《とうとう》とする人もいるので、久しぶりにスカッとさわやかじゃん。

ここの学生さんの眼差しは澄んでいて、暖かかった。授業が終わり、玄関に向かって歩いていると、白雪姫のような女の子が、ととっと私を追っかけてやってきた。

「今日の授業、ありがとうございました。私は母を小さいときに亡くしました。母の顔も覚えて

いないのですが……山田さんが中学生に語ってきた言葉を母のことを思いながら聞きました。私がここにいるということは、母からの……いのちのバトンタッチなんですね。私……看護師になるためにがんばります。今日……感動しました」

と言いながら、涙をぽろぽろ流すの。瞳が美しいのなんのって！　涙がダイヤモンドみたいにキラキラ輝いていた。あたし、思わず、彼女の頭をなでなでしちゃった。若い人の涙って、いいよなあ〜〜。おばさんは、うっとり見とれたのでありました。プリウスをぶっとばして一時間半、鼻歌歌いながら、ゴッキゲンで帰宅した一日でした。

♠「山ちゃん授業」in村末学級——07年11月5日

一〇月二八日から三〇日、大好きな鹿児島へ行ってきました。どうして鹿児島が好きかというと、「いのちの授業」仲間がいるから。種村エイ子さんご夫妻や村末勇介さんご夫妻、それにうちの長女の真美も、縁があって只今鹿児島で学生生活を送っているので、鹿児島にはこれからもちょくちょく遊びに行きたいちゃね。屋久島《やくしま》とか甑島《こしきじま》に行って、ぼーっとふわふわ浮かんでみた〜い！

さて、村末学級（六年生）の教室には六月に続き、二回目の「いのちの授業」に行ってきました。村末さんところの小学生はめちゃかわいい！　教室に入ったとたん、体操服のおなかをぽっこりふくらませた女の子たちが、ほれほれ……とおなかを見せに寄ってきた。

「山ちゃん、見て〜。うこっけいの卵だよ。こうしてあたためていると、いのちが生まれるの」と、メルヘンチックな目をして、話しかけてくれるの。ピンクの布に包んだ卵を服の中に入れて、自分の体温であたためている子どもたち。ひよこが生まれる瞬間を見たときの気持ちを話してくれるお子ちゃまは、まるで動くおもちゃみたいに愛らしかった。

授業は、いつものように子どもたちの質問に答えていくという流れで、山ちゃん流に答えたつもりだけど、子どもの質問は直球だし、ポイントをついてくるので、山ちゃんタジタジでした。ちゅうか、大人がいっぱい見に来ていたし、いつになくものすごくアガッたちゃ。ああ、恥ずかしい。

◐――一時間目（子どもたちからの質問）

①体は大丈夫ですか？　②何種類くらいの薬を飲んでいますか？　③ごはんをたくさん食べる時はどういう時？　④なぜそんなに人のためにがんばれるの？　⑤乳がんになっても、なぜそんなに元気なの？　⑥何をしている時が一番幸せ？　⑦どうして保健の先生になったの？　⑧一日のことしか考えられないと言っていたけど、その一日で何を考えているの？　⑨再発したときは

どんな気持ちでしたか？　⑩入院しているとき、手紙をもらってどう思いましたか？　⑪どんなときがいちばんつらかったですか？　⑫だんなさんは主にどんな手伝いをしているの？　⑬なぜいのちの授業をしようとしたの？　⑭なぜいのちの授業を続けているの？

◐──二時間目（子どもたちからの質問）

⑮また、授業ができてうれしいですか？　⑯教師をやめたあと、何校の学校へ行っていのちの授業をしたんですか？　⑰山ちゃんのいのちの授業を受けた生徒は心もあっという間に変わっているのに、私もなおそうと思っているのになおらないんでしょうか？　⑱もしぼくががんになったときとか、病気になったときにどうすればよいかアドバイスを。⑲前、ぼくの愛犬が死にました。どうしたらその悲しみを忘れることができますか？　⑳人のいのちはつながっているの？

授業の最後に、絵本『いつでも会える』（菊田まりこ著／学研）のでっかい版を読みました。

最後の質問⑳「人のいのちはつながっているの？」は宿題にしちゃった。まだ、授業が終わったあとの子どもたちの感想は読んでいないので、子どもたちが何を考え、何か心の揺れや変化があったのかってのはわからないんだけど、飛び込み授業をするには、あたし、エネルギーが欠けてきたような気がする。ものすごく疲れやすいし、カンが働かないんだわ。そうです。うまくいかないことはぜ～んぶ、病気のせいにして、うまくいったときは、自分の才能のせいにする。あたしって、

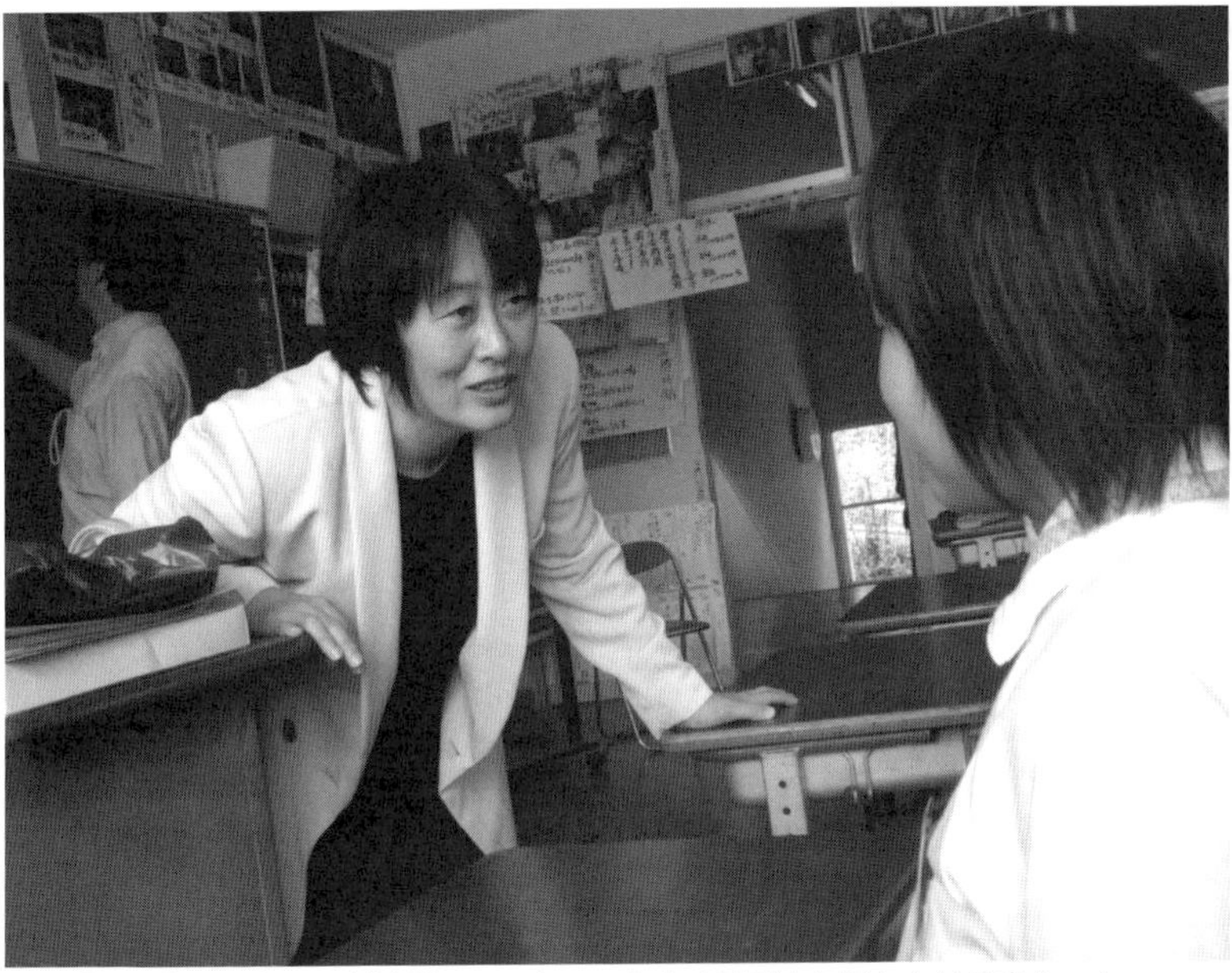

「私、変わりたいんだけど……」と、つぶやく子どもに話しかける山ちゃん。

「ねえ、きいてー!」と、休み時間は悩み相談。

再会の記念に子どもたちが作ってくれたくす玉。小さな色紙に続いて降りてきたのは「山ちゃん会いたかったよー」の短冊（写真下）。

授業が終わって全員で記念撮影。

そういう人。

村末学級で二回授業をさせていただいて良かったと思うのは、こうして目を閉じていると、子どもたちの顔が浮かぶってこと。休み時間に、「ちょっと……今、こんなことで悩んでいるんだけど、山ちゃんはどう思う?」って、耳元でささやくSちゃん。村末さんが、日頃教室でおおらかに子どもたちとふれあい、感性を育てているから、安心して私にも心を開いてくれる。一瞬でもそういう教室の空間にいられたってことを幸せに思う。

ありがとう村末さん！　ありがとう、子どもちゃんたち！　いい思い出がまた一つできたよ。

◆湯布院の夜――07年11月7日

一一月二～四日と二泊三日で湯布院《ゆふいん》へ行ってきました。ここだけの話だけれど、自分の住む町、昭和の町を歩く回数より湯布院の亀の井《かめのい》別荘付近の小道を歩く回数の方が多いのでは？　と思うくらい、私は湯布院へ遊びに行く。「疲れたぁ～」と言っては行き、「泣きたいくらいに心がへとへとになった～」と言っては行き、「人間に会わずに部屋にこもって文章を書きたい！」と言っては行く。

だって、湯布院には神様みたいな人がいるからね。その人の名は中谷健太郎さん。中谷さんのお顔を見て、ちょっとおしゃべりしていると、いつのまにか疲れがすーっととれて、「ま、人生なるようになるちゃ」と、笑顔に戻るんだから不思議。亀の井別荘の社長さんなのに、いばってない。私みたいな普通のおばさんともなぜか付き合ってくれる。だから、イイ気になって、毎月のようについついつい行っちゃう。

今回は湯布院記録文化映画祭の前に「心に響け、いのちの授業」（ＮＨＫドキュメンタリー）の試写会（?）みたいなことをしましょうか……ってな話になりまして、主演女優（?）の私と、ＮＨＫのディレクター柄子《からこ》さんと、地域のおばちゃんたちと、中谷さんとで三日の夜、試写をしました。自分の出た番組を大きいスクリーンで、じいーっと見るなんて、あたしもよくやるよね。お恥ずかしい。でもさ、明るい部屋で、一人で見るテレビとは違って、暗い部屋で大きなスクリーンに写して、みんなで見る映画みたいな雰囲気はやっぱりいいね～！　見たあと、参加者で一つの番組について、あーだこーだと話し合って、楽しい夜を過ごしました。

いつものことですが、中谷さん、ありがとうございます。お世話になりました。湯布院記録文化映画祭にかかるかどうかはまだわからないんだけど、かかったらうれしいだろうな～。

〔注〕ＮＨＫ『にっぽんの現場』で放送された「心に響け、いのちの授業」がアルジャジーラ国際ドキュ

メンタリーフェスティバル「ドキュメンタリー部門」で入賞しました！　4月23日に中東（カタール）で授賞式があります。

♣ 中学生を前に授業、血が騒ぎました――07年11月12日

一一月七、八日と、山梨県の押原中学校へ行き、三年生一八〇人に「山ちゃん流いのちの授業」をしてきました。今年の六月に、甲府の内藤いづみ先生のクリニックで点滴を受けているとき、たまたま隣のベッドでカーテンごしに点滴を受けていたのが、この中学校の養護教諭、清水先生だったという偶然の出会いがきっかけで、すっかりお友達になり、「次に内藤先生のところに点滴に来るときに、ちょっと寄ってよ！」というお声がかかったのです。

退職してはじめて、他校の中学生を前に授業をしました。やはり……血が騒ぎました。そうそう！　今どきの中学生って、こんなふうにカラっと笑い、こんなしぐさでモジモジして、でも、目が正直に反応するのよね～と、昔（と言っても八カ月前）をなつかしく思い出しました。お行儀よく座っている中学生の間に割り込んで、マイクを向けて、「あんた、どう思う？」「あんた、今、

「山ちゃん流いのちの授業」はマイクを持って中学生たちの中へ。

何を感じてる?」「あんたは?」としゃべらせようとするおばさんに、「おばさん、そんな……初対面の人にあれこれ質問されたって、ボク困る」「あたしも……そんなにマイクつきつけないで!」と、目で訴えていたのはわかりましたが、おばさんはへっちゃらです。

中学生には慣れてる、免疫があります。ハハッ! 好きなように語り、じわじわ近づき、やりとりしながら、気持ちよく授業をさせていただきました。

はじめはうつむいて眠っていた中学生が、最後はまっすぐこちらを見て、その瞳がキラリと光っていたので、うれしかったです。

押原中学校の三年生は「いのちの授業」を三年間積み重ねてきた学年だそうですわ。

感想が楽しみだな！

感想といえば、帰宅したらポストに村末学級の六年生からの感想がどっさり届いていました。子どもって、すばらしい感性を持っているのよね～。たとえば……山ちゃんからの宿題「人のいのちはつながっているか？」について――

《山ちゃん、ぼくは人のいのちはつながっていると思います。それは、人と人が手をとれば、人と人とがつながっているということになるからです。それが、たくさんの人と手をつないで、まるくなれば、みんなの手がいっしょになっているから、それと同じで、いのちもまるくなって、人には見えない手でつながっていると思いました。だから、ぼくは、人のいのちはつながっていると思いました。》

《七月に戦争のことを調べたよ。そしたらね、私のおじいちゃんとおばあちゃんがもし死んでいたら、私は生まれていないってことがわかったんだ。今までそんなこと考えたこともなかったよ。こういうふうに、いのちはずっとつながっていくんだよ。いのちのリレーだね。》

こういう言葉がちりばめられた手紙を、村末学級の全員からいただきました！　ぜ～んぶ紹介したいんだけど、今から泉福寺の無着成恭さんちへ行くので、今日はこのへんで！

♥「いのちの授業」の感想、いっぱいきたヨ！――07年11月20日

鹿児島で「いのちの授業」をやってきて、子どもたちからたくさんのメッセージが届きました。その一部ですが、読んでもらいたくて載せました。いっぱいあるんだけど、ここに紹介できるのはちょっとだけね。

♪子どもたちの感想の一部から

◐――きちんと向き合って、答えてくれてありがとう

四カ月ぶりの山ちゃん。また会えてうれしかった。会ったとき、山ちゃんを見て「やっぱり見た感じでは元気そうだなあ」と思っちゃいました。

山ちゃんは、本当は薬が効かなかったりして大変つらい思いをしてきているのに、あんなに明るい笑顔でクラスに入ってきてくれて、頑張ってたくさんしゃべってくれて、笑ってくれて、とってもとーってもうれしかったです。私の質問にきちんと向き合って、答えてくれてありがとう！

山ちゃんとの約束、「おこって言う前に、一回飲み込む」この言葉を絶対に忘れないようにして、私の悪いところを直すようにします。山ちゃんは、このクラスに来ると笑顔をもらえると言うけれど、私は山ちゃんに……勇気・笑顔をもらっていますよ！　これから私は、山ちゃんとの約束を果たせるようにして、人生を悔いのないように、やり残すことのないように生きて行きます。だから山ちゃん、もう一度この学級に来られるよう、がんばってください。山ちゃん、山ちゃんは私の心の中にいつまでもいて、私は山ちゃんの手のぬくもりを一生忘れません。

◐——私も変われるといいな〜

山ちゃん、ありがとう、私は改めていのちの大切さを知りました。山ちゃんが今を一生けん命生きている姿は、何だかかっこいいよ。私みたいに、元気なのに今日を平凡に生きていちゃダメだよね。私は、山ちゃんみたいになりたい！
私は、気付かないうちに人を傷つけていたのかも知れない。もし、そういう時がきたら、ぐっとこらえるよ。今日のことは忘れないよ。
山ちゃんも、私のことを忘れないでね。会えてよかった。私も何か変われるといいな。私もがんばる！　山ちゃんもがんばって。それじゃバイバイ。

◑──生きるとはかけがえのないこと

山ちゃんの授業はとても良くて、山ちゃんはぼくが普通に聞いているように見えたかもしれないけど、途中で涙が出そうで、実は必死でこらえていました。山ちゃんの授業が始まってから、山ちゃんと別れるまで、涙がでてきてしまいそうでした。最後に、山ちゃんの授業の感想を言うときに、言う寸前まで言うことを覚えていたのに、なぜか忘れていました。なぜだったか自分でもわかりません。

植田さんのビデオを見て、山ちゃんの授業を見て、「ぼくたちはふだん何気なく食べたり飲んだり歩いたりしているけど、本当は、それはすごいことなんだな、生きるとはかけがえのないことなんだな」と思いました。またつらいことがあったら、この手紙を読んで元気が出るのであれば、読んで元気を出してね。

山ちゃんの授業は、ぼくの心に一生残りました。最後に、山ちゃんありがとう。

◐──くいのない人生を

山ちゃん、今日は授業をしに来てくれて、ありがとうございます。ぼくのしつもんにこたえてくれて、ありがとうございます。

それで、Ｙさんのしつもんの答えですが、ぼくは、命はつながっていると思います。なぜかと言うと、前、村末先生が何かの授業で、命のリレーと言っていたので、そのリレーが命のつながりなのかなと、ぼくは思います。なぜかと言うと、人は一人では生きていけないからだと思います。ぼくも、お父さんとお母さんというつながりがあるから生きていけると思います。だから、ぼくはそのつながりを大切にしていけばいいと思います。それが、ぼくの答えです。

山ちゃんのいのちの授業は、ぼくにとって一生の思い出となりました。ぼくも、山ちゃんのことをわすれないから、山ちゃんもぼくたちのことをわすれないでね。山ちゃんは、手紙はいつでも読めるからいいと言っていましたが、ぼくは手紙を書くのが苦手です。でも、山ちゃんが、手紙のいいところをおしえてくれたから、ぼくも手紙が少しは好きになれました。ありがとう。ぼくも、くいのない人生をおくるから、山ちゃんもくいのない人生をおくってね。また、あそびに来てくださいね。

◑――まっすぐに生きていきたい

ぼくは、まだ今は何になりたいか見つかっていません。だけど、できれば早めに見つけて、それに向かって山ちゃんみたいに真っすぐ生きていければいいなと思いました。それと、植田さんみたいに、人の役に立てるような人になりたくなりました。

山ちゃんが来てから、人がいやがることはみんな言わなくなって、けんかとかも少なくなりました。とても良かったです。それと、これからもずっと一生、言葉づかいとかには気をつけて、まっすぐ生きて行きたいです。山ちゃんありがとう。

♠落成式典——07年11月21日

一一月一一（日）～一二日（月）に、国東半島の泉福寺《せんぷくじ》へ行ってきました。そーです。無着成恭さんところのお寺です。

五〇〇年前に建てられた重要文化財の仏殿の保存修理が終わり、落成記念式典があったのです。全国あちこちからい～っぱいお坊さんやら来賓が集まって盛大な会でした。お坊さんの専門用語で「落慶法要《らっけいほうよう》」と言うそうで、隣に立っていたどこかのおばあさんが「生きているうちに、こげなりっぱな法要を見られて、ありがたや、ありがたや」と手を合わせていました。

黒い法衣《ほうい》に柿色の袈裟《けさ》をつけたお坊さんたちが、お経を唱えながらお寺の中をぐるぐる歩いていると、途中から女性たちが一斉に鈴をチリンチリ～ン鳴らすの。鈴とお坊さんの声が重なってワォーンワォーンと響き、オペラみたいでカッコヨカッタ！（オペラ見たことないけど）そんな厳かな式典に、なぜか私も招待していただいたので、前夜祭から参加しました。

前夜祭はホテルの大広間。胡弓《こきゅう》や琴や笛やシャンソンを聴いたりしながら、結婚式みたいなごちそうを食べました。田舎者の私には、パーティーちゅうのはなじみがないので落ち着かず、ソワソワしていたら、知らない人から何人も話しかけられました。

「あ、あの、いのちの授業の山田さんですか?」

「本にサインしてください!」「テレビも見ました!」と。

び……び、びっくりしました。もしかして、私って、国東半島では……有名人なの? いいえ、ホンモノの有名人は隣のテーブルにちゃんと座っておられました。永六輔さんです。最初はシズシズとお食事をしていた永さんでしたが、いつのまにか前に出て、シャンソンの司会をしておられました。客席から手を振ったら、「おっ、山ちゃんも来てたの!」ってな感じで、手を振ってくださって再会。シャンソンの小池薫さんが、「では、次にこの歌を歌います」と言い、伴奏が始まっただけで、会場の全員が大合唱するんだから恐るべし。

♪「上を向いて歩こう」♪

永さんと小池さんがハモって歌っていました。すんげえ盛り上がってた!

翌日は、永さん移動のための運転手ボランティアをしました。この二日間の様子は、一八日にTBS「土曜ワイドラジオTOKYO」で永さんと電話を通しておしゃべりしました。とにかく冷たい雨の降る寒い日だったので、途中から私は駐車場にとめてあった車の中で横になって式典を覗いていたんだけど、永さんは本当にエライ人だと思った。風がびゅーびゅー吹く冷蔵庫のようなテントの下で、ず〜っと招待席に座ってお話を聞いていた。その後、お昼ご飯を食べる時間もなく、無着さんとトークもバッチリやって、お客さんをどっと笑わせていたっけ。自分にきびしく、人にやさしい永六輔さんは仏さまみたいであった。南無阿弥陀仏。

◆李政美《イジョンミ》さんの美声にうっとり――07年11月22日

一一月一五日〜一九日と李政美《イジョンミ》さんたちと一緒に過ごしました（李政美さんは永六輔さんの友人で、歌手）。豊前と豊後高田と湯布院でのコンサートのため来県。一五日は昭和の町・喫茶「伯剌《ぶら》西爾《じる》」、一八日は湯布院・亀の井別荘「天井桟敷《さじき》」にてライブ。両方ともすばらしかった〜！いつものように透明感あふれる祈りの歌に、うっとり涙しました。

そして、今回は特別な出来事がありました。うふふ。なんと、山ちゃん作詞「生きようよ」（本書、冒頭に掲載の詩）に李政美さんが曲をつけて、ライブの中で歌ってくださったので〜す！

この歌がすっごくすてきだったの！　矢野さん（ギタリスト）が「ＣＤに入れて泉ちゃんに送るよ」って言っていた。楽しみだな！　ベースの芹ちゃんの音も入ってるし、プロがとってきのプレゼントをしてくださった。うれしいな。メロディーを聴いていると、心があったかくなるの。
あなた、聴いてみたい？

♪　山から朝日がのぼるまち
　海に夕陽がしずむまち
　小さな小さなお菓子屋で
　私はいのちをもらったの

　みんな私を知ってるの
　私もみんな知ってるの
　やさしい笑顔のまちでした
　心をいっぱいもらったの
　……………

♣ エリックマリアとの出会いについて――07年11月26日

《お正月（一月三日）に、パリの友人がきてくださることになりました。私の住む昭和の町でコンサートをします。よかったらおいでください。

名前を言うだけで、舌がまわらなくなるようなフランスのチェリストがお正月に山ちゃん家に来てくれることになった。友達は、あたしのことを「出会いの達人」「転んでもただでは起きないおばさん」などと言っておもしろがっているけれど、偶然に偶然が重なって、エリックマリア・クテュリエとパリで出会った。

❇〝花の都パリ〟へ

それは、今年の夏休みの出来事だった。二度目の乳がん再発、転移にすっかりめげていた私に、さやちゃん（フランスに住む友人）から電話がかかった。

「泉さーん、また悪くなったんだって？　じゃ、今のうちに遊びにおいでよ」とかる〜く誘うさやちゃんもさやちゃんだが、「うん。行くわ」とすぐに答えるあたしも、ヘン？「残された時間は好きなことをした方がいい」と医師から言われたことを思い出し、「今のうちに退職金をスカッと使い、さやちゃんに会いに行こう！」とアッサリ決めちゃった。

彼女自身も、数年前に乳がんを手術した〝がん友達〟。会いたい人には早めに会っておこうと思ったの。水戸黄門だって、旅には「スケさん、カクさん」を連れていた。治療中のあたしは、カズ（息子）とマミ（娘）をお供に、二週間の豪遊（体調が心配だったのでエアフランスのビジネスクラスで）に出発した。

最初の一週間は、さやファミリーが住んでいるアンジェ（古き良きフランスが残っているきれいな町）に滞在し、後半の一週間は花の都パリへ。どちらも、もーな（すっごく）楽しかった！

❇〝天才チェリスト〟との出会い

さて、パリでの出来事。上野さん（NHKのディレクター）から、携帯に電話がかかった。

「今日から三日間、仕事の打ち合わせでパリにいるので、よかったら夕ご飯でも食べない？　たしか山ちゃんファミリーもパリでしょ？」

NHK「にっぽんの現場」がご縁で一度会っただけの上野さんだが、めっちゃおもしろい人だったので、パリ再会を喜び「行く～！　行く～！」と、くっついてまわった。昼間は家族で観光。

自宅でバッハの無伴奏プレリュードを弾いてくれるエリックマリア。

夜は上野さんの友達んちでパーティー。ワインとチーズと音楽でこんなに楽しめるの！と、私は目からウロコの日々だった。

囁くようにおしゃべりしながら、ゆったりワインを飲むパリの芸術家たち。そーなんです。上野さんの友達は、パリで天才と言われるピアニストやチェリストだったのです。自宅で生演奏を聴きながら一緒に過ごした日々。あたしって運がいいよね！

エリックマリアんちに遊びに行った時も、通訳の綾ちゃん（とびきりの美人！）がずっと一緒にいたので、乳がんのこと、いのちの授業のこと、保健室のことなど、通訳してもらいながら、酔っぱらっていい気持ちでペラペラしゃべっちゃった。すると、エリックマリアがこう言った。

パリでのお別れの日。「またお会いできますように」左がエリックマリア。

「最後の一曲、あなたのために弾こう」と。

バッハの無伴奏ナントカとかいう曲だった。クラシックのことは、全然知らない私が言うのもなんですが、とってもきれいな音色だった。心にジンジ～ンきて、涙がぽろぽろこぼれた。チェロって体にいいみたい。

✻お別れの日に

お別れの日の夜のことだった。タイ料理の店で綾ちゃんたちと、おいしいディナーをしていたら突然、レストランのドアが開いた。エリックマリアだった。明日、日本に帰る私たち三人に会いにきてくれたんだって。うれしかったなあ～。カズが立ち上がって、ご挨拶をした。

「エリックマリア、そしてみなさん、感動的なパリの夜をありがとう。実は、フランスに行く前にボクはマミと『今度の旅行は、お母さんがたくさん笑顔になってくれる時間にしよう』と話し合ってきました。母はがんが転移し、ずっと治療を続けています。そんな状態なので、なおさら母が喜んでくれる旅にしたかったのです。ふりかえってみたら、母が一番いい笑顔をしていたのは、すばらしい建物を見たときでもなく、美しい絵を見たときでもなく、あなたたちに会っているときでした。その瞬間が最高の笑顔でした。ボクとマミの二人だけではできなかったことを、みなさんがプレゼントしてくださいました。おかげさまで、一生忘れられない旅行になりました。心から……ありがとう」

カズは、ウルウルしながら言葉を詰まらせ、涙声だった。エリックマリアが言った。

「カズ、あなたは幸せです。私は八年前に病気で母を亡くしました。私は母を助けてあげることができなかった。母と旅行をしたこともないです。父は二年前からがんです。カズ、マミ、いい旅になって本当に良かったね」

そして、かばんをゴソゴソさぐってこう言った。

「三島由紀夫の戯曲『班女《はんじょ》』にこんな場面があります。もう一度会いたい人に、自分の持っている扇子《せんす》を預けるのです。『次に会ったときにそれを交換しよう』と願って。すると、願いがかなって再会することができる。私の持っているこの扇子をあなたに預けよう。あなたも何か私に……」と言ったら、マミが、お財布から五円玉を出して、「ご縁がありますように、これを」と手渡した。

❇日本の南に吸い寄せられて

帰国して一カ月後、エリックマリアからメールが届いた（もちろん、綾ちゃんが訳した日本語付きのメール）。

〈親愛なる泉さんへ

お預かりした五円玉はとても大切にしており、僕の部屋のチベットの鉢の中で、僕が家にいるとき、毎日とても良い音色を出します。どこかでこの五円玉も泉さんの痛みの軽減に役にたっているよう、僕は祈っています。（中略）暮れに仕事で日本（京都）へ行きます。日本の南に吸い寄せられるという、あらがうことのできない魔法にとりつかれたように、泉さんに会いにチェロと共に大分へ行きます。僕の、ほとんどはじめてのちゃんとした日本旅行を、僕は待ち、綾に準備してもらっています。年末に向けて、メキシコ、スペイン、そしてフランスでのコンサートにがんばります。

いっぱいの友情を込めて。

エリックマリア・クテュリエ」

自宅でわたしだけが聴かせていただくのはもったいなくて……ご案内申しあげます。よろしかったら、一月三日に昭和の町でチェロを聴きませんか？

山田泉より》

♥しゃべるがん患者――07年12月17日

ご無沙汰していました！　パソコンの蓋をあけんかった理由は、一二月の検査で腫瘍《しゅよう》マーカーがドカーン！　と異常値をオーバーし、へこんでいたからです。心はくじけているのに、すでに受けていた講演会や授業を健気《けなげ》にこなしたあたし。今日は久しぶりに、こたつでみかんを食べています。

ビリー（猫）に話しかけてみました。

「あと、どのくらい生きられると思う……？」

ビリーはこう言っています。

「猫の命も、人の命も、先のことはわからニャ〜イ」ってね。

さて、この間、「山ちゃん流いのちの授業」をアチコチでやってきました。その風景を今週少しずつ載せていきますね！

一一月〜一二月にかけて、県内外で数カ所講演をしましたら、なんと、どの会場にもあふれるくらいたくさんの方が聞きに来てくださいました。先月の大野市や大分市のときもそうですが、「山ちゃん流いのちの授業」には二〇〇〜三〇〇人の方がかけつけてくれ、本もどっさり買ってくれるの。ありがたいなあ。会場出口で本にサインしながら、握手なんかしちゃって、記念撮影！えっ？　芸能人みたい！　いえいえ、「しゃべるがん患者」として有名になっただけ。

たとえば、佐伯市は、仲良しの養護教論が中心になって企画してくれました。海辺の町の小さな小学校の養護教論、きみちゃんとはまちゃんはガッツがある。たったの二週間で三〇〇枚のチケットを売りさばき、会場ホールの入り口には「当日券はありません！」とイバッて書いていた。

きみちゃんもはまちゃんも竹を割ったような性格。やるときゃやるで！　ちゅうタイプの女たち。気が合うちゃね〜。今まで何かと助けてくれた二人に恩返ししたいと思い、二人の勤める小学校にそれぞれ寄り、授業をしました。五、六年生の子どもたち、かわいかった〜！　別れるとき、子どもたち、涙ぽろぽろこぼしていたっけ。帰宅したら、郵便ポストに、一人の子どもから手紙が届いていた。その子に泣きながら返事を書きました。つづきはまた明日。

♠ひなのちゃんからの手紙——07年12月19日

帰宅したら、郵便ポストに、一人の子どもから手紙が届いていました。

《山ちゃんへ

この前はありがとうございました。「いのちの授業」をしてよかったと思いました。私は急性骨髄性白血病という病気に、一年生の時になりました。四年生の時、再発しました。一年生の時、白血病という病気がわからなかったけれど、ドラマで知って、私は、「死ぬ病気なんだ」と思いました。山ちゃんの話を聞いて「つらい」というのはわかりました。再発した時、私は「なおらないのかな?」と思いました。でも、山ちゃんや私は再発をしても、まだここに生きています。私が山ちゃんすごいと思ったことは、病気が治らないと言われたあとに、「いのちの授業」をしたことです。私が好きな言葉をしょうかいします。

「病気——この病気は、ぼくに何を教えてくれたのか、今ならわかる気がする。病気になったばかりの頃は、なぜ、どうして、それしか考えられなかった。自分のしてきたことをふりかえりもしないで。けど、病気が気づかせてくれた。僕に夢もくれた。絶対、僕には病気が必要だった。

ありがとう」

この言葉は、『電池が切れるまで』（角川書店）という子どもたちの言葉を入れた本です。山ちゃん、これからも手紙を送ります。だから元気でいてね！　いのちの授業をしてくれてうれしかったよ。山ちゃん、ありがとう！

ひなのより》

手紙を読みながら、うれしくて、泣きながら返事を書きました。子どもから褒《ほ》められるのが、いちばんうれしいいちゃ。

◆私のめざす授業は……　07年12月20日

この前の週は、A中学校にて出前授業。全校生徒三〇〇名と保護者一〇〇名。お世話になった中谷健太郎さんや溝口薫平さんも聞きに来てくださった。感激！

いつものように中学生たちとやりとりしながら「山ちゃん流いのちの授業」。といっても、はじめて会ったおばさんに手を挙げて発言してくれるはずもないので、マイクを持ってウロウロしながらインタビューしまくった。授業の最後に、

「今、何か、私に言いたいことのある人はいませんか？」

と投げかけたら、なんと、一人の男の子がハイ!っと手を挙げて、こんなことを言ってくれました。

「ぼくは、いじめられ続けてきました。そのたびに家族や先生や友人に助けてもらってきました。今もいじめられています。でも、ぼくは忘れていました。ぼくを助けてくれた人に感謝する気持ちを。今までの僕は、話を聞いてくれてあたりまえと思っていました。山ちゃんの話を聞いて、やっと気づきました。ありがとう」と。

ドラえもんに出てくる「のび太」みたいな、やさしい感じの中学生だった。

会場から割れんばかりの拍手。彼の勇気に感動した瞬間でした。あとで養護教論に尋ねたら、

「山田さん、ありがとう! 一歩を踏み出した彼を、みんなで支えていきます。もちろん保健室でも!」

退職後に実施してきた山ちゃん流出前授業には、一つだけ特色があります。学校に着いたら一直線に校長室……へは行かず、まず保健室へ行くの! その学校の養護教論に会い、元養護教論仲間として、子どもたちの人間関係や教師たちのカラー、地域や保護者の様子をイッキに質問するの。死や生にかかわる話はデリケートだから、実態を知らないとカンも働かない。また、知らないことで、デリケートな子どもを傷つけないようにしたいから。その学校に病気と闘っている子はいないかとか、死を身近に体験した子はいないかとか、そういうことも少し教えてもらうん

だ。

保健室のおばさんちゅうのは、冷静に学校全体を見ているので、短時間でポイントをはずさず助言してくれるダイヤモンド。ダイヤモンドと「ここだけの話」をした後、ちょこっと校長室へ行き、ご挨拶をしてから、担任や担当者と打ち合わせをする。そして、授業スタート！　飛び込みで行ったおばさんが、現場の教職員と一瞬のチームワークをつくってチャレンジする授業。こんな協力があるので、授業後の感想はすっごく手応えがある。ひとりではできないことが、チームを組めばぐっとおもしろくなるんだわ。私のめざす授業は――

「むつかしいことをやさしく　やさしいことをふかく　ふかいことをおもしろく」

（永六輔さんから教えてもらった、井上ひさしさんの言葉）

子どもたちの感想は、また紹介しますね！

♣ちょっと、一息入れさせて――08年1月7日

ブログをずっと書いていないので、読者の友人から「いよいよホスピスに入ったの？」と電話がありました。いえいえ、好きなことをして遊びすぎて、暮れからお正月の間、舞い上がってい

まして……。上野創さんとの講演会（主催／オードリーの会。上野さんは自らもがんを病んだ体験のある朝日新聞の記者さん）、エリックマリアのチェロ演奏会と、ビッグイベントが続きまして、すんげえ感激して、ふわふわしてました。雲の上を歩いていたような日々でした。

昨日まで、パリからの友人たちと一〇日間、わが家で暮らしました。うふふ、えへへ、むふふ……楽しかった！　ものすごく楽しくて夢のような時間を、ここのところずっと過ごしたので、頭がクラクラします。しばらく冬眠です。少し心であたためてから、この二週間のできごとを書きまくりますので、お待ちください。

♥ へこたれていた山ちゃんですが——08年1月14日

あけましておめでとうございます。

おかげさまで、暮れの「上野創さんとのジョイントクリスマス講演会」も、新年の「エリックマリア・チェロコンサート」も大好評でした。しかし……浮かれて、ルンルンしていたら、じわっと悪魔がしのびよってきました。定期検診に行きましたら、先月よりドカンと悪くなっていました。あらら……。その日から抗がん剤を飲みながら、「あたし、いつまでがんと共存できるのかなあ……」と、オイオイ泣きました。

でも、こうしてブログを書けるような、ふつうの暮らしができていることが、私にとっては奇跡なのではないかと、ハッと気づきました。朝、目が覚めるたびに、一日が始まるのがせつないほどにうれしい。夜眠る前は、「明日も、穏やかに目が覚めますように」と祈ってます。混乱の日々を送り、へこたれていた山ちゃんですが、パソコンも新しいものに買い換え、やっと日記でも書こうかなと思うようになりました。そんな気持ちで、ひさしぶりにブログを開いたら、親しい友人や、どこかで出会った方たちからの書き込み、夢中で読み、励まされました。

さて、お知らせです。今どきの子どもたちが、ご飯を食べながらぼーっと見る時間の番組の取材をちょっとだけ受けました。

先日、T高校の一年四組へ「いのちの授業」に行ったのですが、「木曜日の八時からテレビは何を見ていますか？」と尋ねたら、「アンビリバボー」と言っていました。山ちゃんの「いのちの授業」をいっしょにつくってきた子どもたちの声を集めたような番組が「アンビリバボー」で一月三一日（木）に放送されます。よかったら見てください。どんな内容の番組になっているかは、私もまったく知らないのですが、子どもたちに「今の時間を大切に大切に生きてほしい」という願いが届けばいいなあと思っています。

♠

水曜日の保健室――08年1月17日

毎日、誰かが家にやって来て、いっしょにご飯を食べたり、音楽を聴いたり、おしゃべりしたりしているので、一日があっという間。今日の午前中は朝日新聞大分総局のK記者さんが「最近の山ちゃん」について取材に来ました。

ランチは、昨晩の残りのカレーを暖めていっしょに食べました。午後は大分放送（OBS）のテレビクルーが「水曜日の保健室」の取材に来ていました。K記者もOBSのクルーも顔見知りの仲なので、コタツにみかんでおしゃべり。つい、盛り上がってしまい、気づいたら夜の七時だった。いかん！　いかん！……夕食の支度をする時間がない！　さっそく、真ちゃん（夫）に電話して、「久しぶりに、すし源でお寿司を食べようえ～」と誘い、おごってもらった。二人で「ちらし寿司」。すし源はおいしい！

ちなみに、「水曜日の保健室」とは、「水曜日の午後三時から五時までは、山ちゃん家を保健室にしていま～す！」ってことでして、一〇月からずっと続けています。口コミで知った中学生がフラリとやって来ます。常連はさくらちゃん（仮名）。不登校なので自由時間（?・）が多い。山ちゃん宅で掃除や炊事など、ボランティアをしてくれる一四歳。「山ちゃん、具合が悪そうだから……」と、支えてくれています。台所に立ち、たまったお皿を洗いながら、「私……大人も子どもも信じられなーい！」と、ブツブツ言っているんだ。

けれど、あたしには「信じた〜い！」って聞こえるので、「あんた、本当の気持ちを手紙に書かない？」と言ったら、「うん！」とニッコリ。「誰に書きたい？」と言ったら、「私にいつもやさしくしてくれるYちゃん！」と言うのです。来週の水曜日は、かわいい便せんを持ってきて手紙を書くんだって。家事のお礼に、今日はピアノを少し教えました。二人で連弾！　楽しかった〜！

つまり、水曜日の保健室は、山ちゃんの「いのちの授業」を受けた子どもたちが、山ちゃんに恩返しに来る日なのです。

ちなみに、恩を返したい人は、早めにおいでください。

では、また明日！

〈御縁玉〜エリックマリア物語❶〉

◆コンサート大成功！　そしてチェロの贈り物

――08年1月18日

一月一五日の夕方、コンサート実行委員のメンバー「山ちゃん企画とヘンな仲間たち」の五人が集まった。夢のような一〇日間を振り返って、山ちゃん家でちょっとお茶会。

「すごかったなあ！　エリックマリアのチェロは耳で聴いているという感じではなく、体で聴いてるような音楽だったなあ。大満足！」

「今まで山ちゃんといっしょにいろんな企画をしてきたけれど、今回のが一番大がかりじゃったなあ。だいたい、うちらがクラシックのコンサートをするなんち、どうなることやらとドキドキしたけど、お正月に二〇〇人も聴きに来てくれてうれしかったなあ！」

コンサートが終わった後、「次回もぜひ聴きに行きたいので知らせてください！」と声をかけてくれる人が多かったんよ。すごい反響やった。その感想の一部を紹介すると――

《私は、念願かなって、昼の部も夜の部も一番前の席で聴いたんだけど、夜中も耳の中でチェロの音がずっと聴こえて眠れんかった。至近距離で聴いたから、エリックマリアの迫力に圧倒され

たわ。私はクラシックが好きでコンサートにもよく行くんだけど、こんなのはじめてだった。》

《あのね、私の友人が聴きに来て、『エリックマリアは、まるで修行僧のような人だった』ち言ってたんよ。チェロでバッハを聴いたというだけではなくて、弾いているエリックマリアの姿から不思議な力を感じたんよ。キリストのような、仏陀のような……何か、そういう空気が音楽からも伝わってきたちゃ。》

大分県の小さな田舎町にパリからお客さんが来た！ってだけでも、うそみたいな話なのに、なりゆきでやったコンサートも満員御礼。おもしろがって協力してくれた、いつもの〝ヘンな仲間たち〟がフル回転して準備してくれたことに感謝しつつ、やっぱりエリックマリアはただものではなかった。そして、どこへ行ってもみんなの人気者だった。

彼は一月五日にパリへ帰り、今はニューヨークでコンサートをしている。ニューヨークから毎日のようにメールが届く。

《やまちゃん、からだはげんきですか？　チェロをひいていますか？　いつもチェロさんはあなたのともだちです。》

パリに帰る直前、「今日からこれは、あなたのチェロです」と言って手渡してくれた時は、マジびっくりした。冗談だと思った。

滞在中、毎晩音楽セラピーをしてくれ、チェロを教えてくれたエリックマリア。私の弾く音はイマイチだけど、「チェロの波動は体や心にいいんだよ」と言うエリックマリアの言葉を思い出しながら、自分で音楽セラピーをやってます。

五円玉がチェロに変身した不思議な不思議なお話を、数回に分けて書きます。よかったら読んでね。

♣〔御縁玉～エリックマリア物語❷〕フランス時間

エリックマリア・クテュリエのことを、私たちは〝健ちゃん〟と呼ぶ。どうして健ちゃんなのかというと、昨年パリで出会った時に、たまたま同席していたえぐっちゃん（江口さん＝注）がワインを飲みながらエリックマリアのことを、「その顔は、健ちゃん！」と、言ったから。意味不明、理由なんてない、人生なんて一瞬だ、楽しもうぜ～！のノリで生きているえぐっちゃんがつけた名前。

その健ちゃんと、えぐっちゃんは、京都に一週間滞在した後、京都に住むカズ（息子）と合流し、大分県にやって来た。到着は一二月二七日の予定だった。午後になってカズのケータイに電話してみた。

「ところで、何時の新幹線に乗るの？」

「いえ……まだ……みんな上野さん家で飲んでいます」

「もう乗った？」

「いえ、まだ飲んでいます」

「もう夕方だけど、いま、どこ？」

「いえ……まだ飲んでいて動きません」

という具合で、宇佐駅に着いたのは翌二八日の０時過ぎだった。こーゆーのを「フランス時間」と言う。楽しいから一緒にいる、時計の針は見ない、ちょっとヘンな人たち。

四カ月ぶりの再会は、深夜の誰もいない宇佐駅のホームだった。チェロを片手に歩み寄り、パリっぽくおしゃれにハグかな？　うふふ……と思っていたら、イキナリ、ホームの高い階段からチェロケースがゴロゴロと音をたてて落ちてきた！　びっくりして見ていると、健ちゃんがチェロケースを足で蹴飛ばしてころがしながら、ケラケラ笑っている。

エッー！！！！？？？？？？

階段の下から見上げながら、私はつぶやいた。天才チェリストちゅうのは、楽器を蹴るんか……（後日、気づいたんだけど、チェロを入れるケースを二つ持っていて、一つはスーツケース代わりに使い、ホンモノのチェロはケースに入れ、手で持っていた。まぎらわしいちゃね）。眠い目をこすり、寒いホームで再会の握手をしながら、ホントかいな？　これって夢じゃないかなあ〜っと思った。さっそく車で移動。夜中の一時にペンションにチェックインした。

「疲れたでしょうから、今晩はここでゆっくり休んでください。じゃあ」

と言ったんだけど、がぜん元気な健ちゃん、すぐにかばんからおみやげを取り出した。

「これ、あなたへ、持ってきました」

高さ四〇センチくらいもある木彫りの仏像だった。お〜!?　こんな重たいものをパリから持ってきたの〜!?　数年前、スリランカへ旅したときに、親友のお母さんからいただいたという仏像。スリランカ地震による津波でたくさんの人が亡くなったその日、健ちゃんはたまたま山側にいたために助かったらしい。

「もし、海に遊びに行っていたら、津波にさらわれていたでしょう。いのちがあって良かったと、そのとき親友のお母さんが私にくださった仏像です」

と言い、目で合図した。健ちゃんの視線の先は、仏像の裏側だった。ん？　底をさわってみたら、何かくっついている。裏返して見ると……パリで預けた五円玉だった。

セロテープをはずし、五円玉を握りしめ涙ぐむ山ちゃん。預かっていた扇子を返すシーン。春のようなあたたかい笑顔で、「アリガトウ」と受け取る健ちゃん。そして、約束の音楽セラピーの始まりぃ〜。私もすっかりフランス時間にハマってしまった。思い切り笑い、思い切り泣き、頭をからっぽにして「今」を楽しみ、語り合う。そんな日々が始まった。

〔注〕えぐっちゃん＝江口方康（えぐち・まさやす）さん。パリ在住の映像作家、と書くとカッコイイが、佐賀県出身。佐賀県のおじさんが、フランス語をペラペラしゃべるところがなんだかおもしろい。今回の健ちゃんと山ちゃんの出会いと交流を「御縁玉」という映画に作るために来日。たぶん、もうすぐ完成！

♥ 〔御縁玉〜エリックマリア物語❸〕健ちゃんin児童養護施設

健ちゃんのチェロを私だけが聴くのはもったいない。できれば子どもたちに聴いてほしいな。そんな願いがかなったお話。

来日前、パリの健ちゃんに、「大分に来たら、Y養護施設で弾いてくれる？」とメールしたとき、「もちろんOK！」と、すぐに受けてくれた。あとで知ったんだけど、健ちゃんはベトナム戦争の孤児であり、養護施設で育ち、生後九カ月でフランス人夫婦に引き取られたそうだ。

滞在一日目、さっそく車にチェロを積んで、Y養護施設へ。ここは、一〇年前からのご縁で、

施設のホールで子どもたちは生まれて初めてチェロの演奏を聴く。

あたしが行き来している大好きな場所。園長先生も神父さんもE先生もお友達。いつ行ってもあったかい。寮母さんや指導員の膝の上に、子どもたちがポーンと乗る。大人は、子どもをふわっと抱きしめている。

施設の中の小さなホールに、子どもたちが六〇人くらい集まってきた。近所の小学生も混じって、さあ、コンサートのはじまり〜。はじめて見るチェロ、はじめて聞くフランス語、はじめて見るフランス人。バッハの無伴奏の美しい音色に、子どもたちはじ〜っと耳を傾け、目をキラキラさせて聴いていた。

コンサートのおしまいはこの日のために、と、健ちゃんが特別に準備してくれた曲、「君をのせて（天空の城ラピュタ）」だった。

日本語で歌いながら、チェロの伴奏をする健ちゃんを見て、私はポロポロ泣いた。

♪とうさんが　のこした　あつい　おもい
かあさんが　くれた　あの　まなざし
ちきゅうは　まわる　きみをかくして
かがやく　ひとみ　きらめく　ともしび
ちきゅうは　まわる　きみを　のせて
いつか　きっと　であう
ぼくらを　のせて♪

詩の意味も、パリでちゃんと勉強をして、心を込めて歌う健ちゃん。大きな拍手といっぱいの握手を受けてコンサートはイイかんじで終わった。

帰りの車の中で健ちゃんが言った。

「山ちゃん、私はもう一度ここに行きたいです。今度は子どもたちにチェロをさわって、弾いてもらいたいです。明日？　あさって？　お正月の日？　おねがいします」

さっそく園長先生に電話をしてみた。

「どうぞ、いつでもおいでください」という返事だった。

三日後の一二月三一日、私たちは再びY養護施設へ行った。大晦日もお正月も家族が迎えにくることもなく、寄り添うように暮らしているかわいい子どもたちが二〇人くらい、お部屋で待っていてくれた。健ちゃんのまわりに子どもたちはペタンと座って、モジモジ。まずは山ちゃんが、健ちゃんの指導のもと、弾いてみる。もちろんスーパー下手。下手のあとは弾きやすいもんね！

「さあ、こんどはみんなの番よ。どうぞ」と言うと……

「ヤダヤダ、はじゅかしい〜」と出てこない。

でも、健ちゃんセンセイがニッコリほほえんで子どもたちに弓を渡すと、モジモジさんたちが照れながら、ぽつぽつ前に出て、おそるおそる弾きはじめる。健ちゃんがそばで一人ひとりに援助する。音が出るとみんなで喜んで、みんなで拍手。はじめはちょっと緊張していた子どもたちの表情があっという間に溶けて、お部屋は笑顔であふれた。そんなことを何回も何回も繰り返して二時間近く遊んだ。

そこに、とびきりチェロのうまい男の子がいた。名前はゆうへいくん。五歳くらいのクリクリ頭のちっちゃい子。いすに座っても足が床につかないのに、ちょこんと座って、体よりでっかいチェロをリズムよくどんどん弾く。すごい！　健ちゃんのマネをしてるのかな？

ゆうへいくんはスキをみては、弓をゲットしてとびきりの笑顔で弾き続けた。そんなゆうへいくんを、健ちゃんはじ～っと見つめていた。

帰りの車の中で、健ちゃんはこう言った。

「山ちゃん、ここに連れてきてくれて本当にありがとう。私は、あの子どもたちのために、ゆうへいのために何ができるのだろうか……ゆうへいは、私でした」

健ちゃんは、一万キロ離れた小さな養護施設で自分と出会った、この日のことを一生忘れないと言った。チェロが子どもたちの笑顔を引き出した、ステキな一日だった。

♠音楽セラピーで宇宙？へ行った話
〔御縁玉～エリックマリア物語❹〕

健ちゃんの経歴を見ると……カタカナが多くてよくわからないんだけど、たぶんスゴイ。パリ国立音楽院に首席で入学し、最高評価を受けて卒業。パリ管弦音楽では、スーパーソロチェリストという待遇に抜擢され、指揮者のウォルフガング・サヴァリッシュやナントカカントカ（むつかしい名前の人がいっぱい）らと共演。シチリアやフィレンツェ（ってどこにあるの？）の国際コンクールで一位だったり、二位だったりする、ヨーロッパでも注目のアーティスト。二〇〇二年、現代音楽の金字塔、作曲家・指揮者ピエール・ブーレーズと出会い、際だった技術と鋭い感性が認められ、ブーレーズのアンサンブル・アンテルコンタンポランのソリスト（なんのことかわからない……）となる。それがきっかけで、ヨーロッパの現代音楽界でもその名が注目されている。

おもいっきり省略したので、健ちゃんが読んだら怒るかな？　いえいえ、きっといつものように微笑みながら、「山ちゃん、まあまあです」って言うだろうな。今日はそんな健ちゃんにやってもらった音楽セラピーについて書こう。

がん患者に音楽セラピーをするのは健ちゃんもはじめて。私も初体験。毎晩、私たちは個室にこもり、ふとんを敷いて言葉のない世界を共有した。な～んて書くとヘンでしょ～？　うふふ……。

ふとんの上にあおむけになって、目を閉じる。イヤホンで健ちゃんが作った音楽（インドっぽいビヨ～ンビヨ～ンとした不思議な音）を聴く。すると、私のおなかの上に静かにチェロがおかれる。健ちゃんが弾き始める。海に引き込まれるような気持ちがいい音が体を包むように伝わってくる。低い音なのか、高い音なのか、さっぱり覚えていないんだけど、ブオーン　ブオーンとチェロの音が聴こえ、おなかと耳を通して体に響いてくる。健ちゃんは、私の呼吸に合わせて弾いている。

眠っているわけではなく、目をさましているわけでもなく、夢を見ているわけでもないのに、映画のスクリーンを見ているように、場面が映し出される。私はいつのまにか自分の人生を振り返り、再体験し、悲しくなり、懐かしくなり、愛おしくなり、なぜか涙がぽろり。見える場面はセラピーを重ねるにつれて変わっていった。

最初のセラピーでは、二歳くらいの自分が祖父に抱っこされて近くの小学校の校庭の鉄棒のそばで話をしていた。

「お〜っ、死んだじいちゃんじゃねーかえ！　どげしょったかえ〜！」とうれしくて泣いた。

次のセラピーでは、白衣を着た菓子職人の父が登場。

「お父さん、寂しねーかい？　あたしもそっちに行こうかえ？」と声をかけたら、いつもの笑顔のまま「大丈夫、大丈夫」。何回も、そう言ってくれた。

物語は、だんだんブラックホールにスポンと吸い込まれるように、深いところをウロウロ。家族のこと、病気のこと、友人のこと、死のこと……心の湖から涙があふれてさらさらと流れてくるような、気持ちの良い時間だった。

セラピーの最後はいつも波の音が聞こえる。チェロの音がザ〜ザ〜ッと波の音になる。すると、だんだん現実の世界に引き戻されて、ハッと目をさます。あれ？　目の前にブッダがいる……？

仏陀は、よく見ると、健ちゃんだった。

日本語とフランス語。言葉は通じないけれど、「実はね……」と、何を感じたのかを語り始める山ちゃん。わかってるのかわかってないのかわからない会話をしながら、わかってもらっているという安心感が漂うんだわ。コレ、不思議な関係。

こんなセラピーを、毎晩一時間くらいやっていただいたんだけど、一〇回目が終わったとき、レモンスカッシュを飲んだみたいに、なんだかスッキリしていた。でも……あるときのセラピーで号泣し、仏陀の健ちゃんにしがみついてオイオイ泣いてしまうたことがあった。それをカメラで撮っているえぐっちゃんがいる！ってことなど、すっかり忘れて……。ああ、今考えると、目から火が出るほど恥ずかしい。穴があったら入りたいけど、穴がない。

奇跡が起きて、がんが治ったという話を聞くたびに、私にも奇跡が起きるといいなと思う。でも、よく考えたら奇跡はもう起きているのかもしれないね。だって、パリの音楽家、健ちゃんの音楽セラピーを受けられた！ってことそのものが奇跡だったと思う。

健ちゃん、ありがとう。私は、今日もこうして生かされているよ。

◆地球をまわる五円玉
〔御縁玉～エリックマリア物語最終回〕

一二月三〇日から、健ちゃんと江口ちゃんはわが家でホームステイ。日本のふつうのお正月を体験することになった。

この日は、真美（娘）の成人式の写真撮影。健ちゃん、一日中、目がハート。振り袖姿の真美にうっとりしていたっけ。

「たしかに、姿形はヤマトナデシコじゃ。でも、わし、性格を知っちょるきなあ」

真ちゃん（夫）が小さい声でつぶやいていた。性格を知らない健ちゃんは真美をヤマトナデシコと思ったのか、

「おぉ、すごいです。きれーです。お祝いの日ですね。今からあなたたちのために弾きましょう♪」

と、我が家の小さな洋間でミニコンサートをしてくれた。なんと贅沢なプレゼント！　たぶん、CassadoのPreludeだったと思う。名曲を目の前で、次々に弾いてくれた。ソファーに座って家族

四人で聴きながら、

「ああ……真美が二〇歳になったんだ。今日の日を迎えられてありがとう」

そう思ったら、涙がぽろぽろこぼれた。

そして大晦日。友達の百ちゃんの車で雪の中を走り、みんなで豊前善光寺へ初詣。除夜の鐘をついたあと、火を囲んで「あけまして、おめでとうございます！」と、新年のご挨拶。小雪が舞う境内で、甘酒をいただいた。こじんまりして風情のあるいいお寺じゃん。あたしはつい力んで、ゴーン！　とついたけど、健ちゃんの鐘の音はやさしく、ぼわ〜んと柔らかい音だった。やっぱ音楽家、どっか音が違うちゃね。竹灯籠の明かりがちらちら揺れて、美しい夜だった。

成人式を迎えた真美さんにミニコンサートをプレゼントしてくれたエリックマリア。

一月二日、パリからもう一人のお友達、綾ちゃんが合流。クラシックのコンサートを知りつくしている綾ちゃんがボランティアで三日、四日とコンサートのあれこれを手伝ってくれた。綾ちゃんの話すフランス語は音符のついた言葉みたい。歌を歌ってるような、ささやいているような……引き込まれてゆく心地良さ。彼女の知識と通訳は百人力！　いろんな人の力が集まって、コンサートは三回とも大成功だった。

お別れの前日は、湯布院の亀の井別荘でのコンサート。中谷健太郎さんの一流のおもてなしを受け、健ちゃんさらにパワーアップ。あれは森の妖精が、魔法をかけたような演奏だった。あの空気、映画「御縁玉」で再現されるといいなあ。そしたら、あなたにも聴いてもらえるのにね。

いよいよお別れの日。再会した宇佐駅でお見送り。健ちゃんはそば打ちの名人タカサキセンセイの作務衣に、亀の井別荘の小さな紙袋をぶら下げて、超身軽。

「ワタシの荷物は、ソウコに入れて預かってってね。また、来ます。会いましょう」

とニコニコ。あっという間に健ちゃんは、あたしたちの新しい家族になった。

汽車のベルが鳴った。あたしは、ポケットから五円玉を出して、ギュッとにぎりしめメソメソ。

「四カ月間、私を守ってくれた五円玉、ありがとう。今日からこれは真美のお守り。真美のもとに返すよ」

そんな気持ちで、真美に五円玉を渡した。健ちゃんは、真ちゃん、カズ、あたし……と順にハグし、最後に真美と握手。二人は何やら、言葉を交わしていた。

健ちゃんが汽車に乗った。ドアが閉まる直前、健ちゃんがこちらを見て、手をパッとひらいた。

はあ〜〜〜！！？？　ええ〜〜〜！！？？　五円玉は健ちゃんの手のひらにあった。

「サヨウナラ　アタラシイ　カゾク　アリガトウ」

と言い、健ちゃんは去って行った。


あれから一カ月が経った。今、五円玉は健ちゃんと共にニューヨーク、ドイツ、スペイン、イギリス……と演奏の旅をしている。地球をぐるぐるまわって、このご縁は続きそう。健ちゃん、えぐっちゃん、あやちゃん、楽しいお正月を、ありがとう！

♣二五年ぶりの再会――08年1月28日

「あの……マサシです。仕事で小倉に来たので、ちょっと顔を見に行っていいかな？」

「はあ〜？　マサシ？　ああ、中学のとき同じクラスだったマサシ！　なつかし〜い」

少し前の朝日新聞の「ニッポン人脈記」（07年11月29日付。山田泉の「いのちの授業」が紹介された）を読み、「もしかして、泉……再発したの……？」と心配になり、ブログを開き、近況を知り、神奈川県から会いに来てくれた。二五年ぶりの再会だった。

夕方の六時すぎに宇佐駅へお迎えに行った。暗い駅のホームでひょろっと背の高い人影あり。じっと顔を見あわせ、私たちは同じことを言った。

「あれ〜！　中学のときと、変わってねーじゃん！」

真ちゃん（夫）もまじえ、我が家で夕食を一緒に食べながら、二時間くらいおしゃべりした。

マサシは中学のときも高校のときも、数学と理科が抜群にできたエリートくん。私は数学も理科も、おそろしくできなかったおバカさん。マサシはおとなしい子。あたしはスーパーおしゃべり。マサシは大学院を卒業し、大企業の研究者。あたしは田舎の保健室のおばさん。お互いピッタリの仕事に就いたってわけ。マサシは今、半導体の堅くて薄いセラミックスの研究をしているという。

「そげなこととして、おもしれーん？」と聞いたら、

「すごく、おもしろいよ」と言った。

マサシが大学院生のとき、私はすでに仕事をしていたので、ヒマなマサシを助手席に乗せて、休みの日に趣味のボランティア（養護学校とか、病院とか、小学校とか）につきあわせたっけ。相

変わらずおしゃべりなあたしと、ニコニコ無口なマサシのままだったので、マサシの話はろくに聞かないまま食事会終了。

「ちょっとお～、私はどういう子だったか、少しくらい覚えちょる？　なんか、話してん」と言ったら、

「泉は昔っからあちこちに友達がいて、にぎやかな人じゃった」と、ひと言。

子どものときと同じように、静かで穏やかなボクちゃん。そうだった、そうだった、マサシといると、会話が楽ち～んなので、きょうだいのように気が合ったんだよなあ。

駅のホームでお別れするとき、マサシは小さな声でこう言った。

「イズミ、いろいろ……ありがとう。それが言いたくて来たんだ」

「？？？？？　ん？　私、何かしてあげたっけ？」と、言いながら、

「じゃあ、またね」と握手。

八時の汽車でマサシが帰った後、母に電話した。

「あんなぁ～、さっき、マサシが会いにきてくれちょったんで」と言ったら、

「あんた、お礼言うたかい？」と。

「なんの？」と尋ねたら、

「あんた、数学の宿題はさっぱりわからんからっちゅうて、いつもマサシくんにしてもらいよったじゃねーかい。マサシ、しちょって！っち、よう言いよったで」

へ？　私って、そんな少女だったの……？　ああ、言いそびれてしまった。

「マサシ、こっちこそ、あの時はありがとう」

再会は、病気がくれたプレゼント。

会いたい人には、
会っておこう。
行きたいところには
行っておこう。
明日死んでもいいように、
今日を生きよう。

そんな詩が、ふっと浮かんだ一日でした。

♥いろんな人がいて自分がいる——08年2月7日

〔水曜日の保健室〕

「水曜日の保健室」には、相変わらずさくらちゃんが来ている。午後三時から五時まで、二時間を一緒に過ごすだけなのに、楽しみに毎週やって来る。不登校のプロのようなさくらちゃんは、学校でエネルギーを使いきることはないので、時間も体力もあり余っている。

今日も、「まず、お茶碗あろうてなー」と言うと、「また〜!」と言いながら、たまったお茶碗をニコニコお片づけ。家事をひととおり手伝った後、一緒にピアノを弾いたり、お茶を飲みながら雑談してオシマイってなシーンを、なぜか地元のテレビ局が継続取材している。さくらちゃんも、さくらちゃんの父母も、「撮影?　べつに、いいよ」ってなかんじでOK。度胸がある。

先週も、いつものようにやって来て、いつものようにお茶碗を洗って、ピアノの練習をはじめたんだけど……なんか、表情がカタイ。途中でピアノの指が止まってしまった。

「なんか、あったん?・?・」と尋ねると、「うん」とうつむき、涙ぽろぽろ。

「そっか。じゃ、コタツにみかんで、お話しよか」と移動し、友達や先生とうまくいかないあれこれをひととおり聞いた。誰がどーしたこーしたという話を聞いても、保健室には解決方法なんてナイ。でも、空気を入れ換えるくらいはできるんだ。たとえば……、

「ほら、カメラさん、音声さん、あんたたち、こげな話撮っても使えんで。仕事やめよ。それよか、さくらちゃんにアドバイスしてよ」

と、二人の若者にバトンタッチした。すると、彼らはちょっと照れながら、こんな話をしてくれた。

「さくらちゃん、オレなあ、いろいろあって高校中退したんで、なかなか就職もないでなあ。この仕事もアルバイトなんじゃ。生活、大変でなあ。この前、チャリ盗まれたんじゃけど、金ねー き買えん。近所の人に頼んで、会社には途中まで車に乗せてもらいよるちゃ」

「そうなんじゃ、こいつ、本当に貧乏でなあ。この前、『ゴキブリが部屋に出た！　眠れん』ち、電話あって、オレんちに泊まりにきたんじゃ」

「だって、オレ、ゴキブリ、マジ怖い」

「情けねーじゃろ？　でもなあ、ゴキブリ怖い時に泊まりに行ける友達が一人おったら、人は生きていけるんじゃ。さくらちゃん、友達はいっぱいおらんでいいんで」

「そうそう、オレもそう思うで。みんなと仲良くしたいとか、思ったりせん方がいいで。いろんな人がおって、あたりまえなんちゃ」

さくらちゃんの顔がだんだん緩んできた。

「ところでなあ、さくらちゃんに一個だけ、聞きたいことがあるんじゃ。頼むけん教えて！」

さくらちゃんは「頼まれても、困る」と、目をそらす。

「オレなあ、また、彼女にふられてしもうたんじゃ」

さくらちゃん、ここで爆笑。

「笑わんで！　あのなあ、もし……無人島にオレとこいつだけだったら、どっちと暮らす？」

「教えて!!」

二人の若者は、いまどきのふつうの男の子。こんなことをマジメに尋ねるアホな人たち。

「そんなこと、言えません！」とさくらちゃん。

「言うてちゃ〜。本当に、知りたい。オレって、こいつよりモテないの？」

「そんな失礼なこと、言えません！」と言いながら、さくらちゃんはゲラゲラ笑っていた。

三人の会話の間、私はヒマなのでパソコンに向かって原稿を書いていた。そこで、ちょっとわからないことがあったので、尋ねてみた。

「あのさー、カメラさん、音声さん、ちょっと教えて。三島由紀夫の能の戯曲に班女ってあるらしいんだけれど……なんて読むの？　ハンニョ？　ハンジョ？　能って見たことある？」

すると、二人はこう言った。

「はい。大分の能楽堂に取材で行ったことがあるから、能は見たことあります。ところで、三島由紀夫って、誰？　演歌歌手ですか？」

「あのね……」と言いかけて、あたしは、さくらちゃんの方を見て言った。

「ここまで、落ちたらヤバイかも」

すると、二人は言った。

「さくらちゃん、こげなバカなオレたちでも、なんとか頑張ってやっていきよんのよ。さくらちゃんはこれからや。ホント、お互い努力しようよなあ」

五時になった。さくらちゃんは、ひまわりのような笑顔で「ありがとう！　また、来週きま～す！」と言って帰った。

山ちゃん保健室にはヘンな大人が集まる。だから子どもも、ちょっと楽になるのかも⁉

♠いろんな人がいて自分がいる――08年2月7日
〔続・水曜日の保健室〕

昨年、あたしはＮＨＫのテレビクルーと半年間過ごした。小さな保健室は、カメラまわりっぱなしの日々。と書くと、「大変だったでしょう」とよく言われるが、あたしも子どもたちも、どんだけ助けられたことか。

テレビは華やかな世界だけれど、テレビクルーって地味な人が多い。コンビニのおにぎりを食べながら走り回って仕事をしている彼らを見ていると、どんな人生を歩んできたんだろう？　と興味をもってしまう。たいていの人たちはわけありで、挫折も差別も体験し、世の中をよく知っているんだ。

たとえば、李さん。音声の李さんは、在日のかわいいお兄さんだった。朝鮮と日本の歴史に詳しく、中学は朝鮮学校に行った。李さんの人生を知ることは、隣の国と平和に暮らすこと、戦争に反対する授業じゃん！　と思ったので、教室へ行って平和授業をしてもらった。教材は、パスポートと外国人登録証明書。授業後、子どもたちは、李さんにくっついて離れなくなった。

李さんは人気抜群だったので、性教育や全校集会にも出番が続いた。

性教育の授業では、「今日は、李お兄さんに、中学生の頃の性の悩みについて、思い出して語ってもらいましょう！　そのあと、ビデオでお勉強します」と言ったら、子どもたち、目がキラキラ。全校集会では、

「昨日、トイレにお菓子の袋を流した人がいます。トイレが詰まってしまいました。そこで、李

さんのお話を聞きましょう！」

と山ちゃん。子どもたちは？・？・？

李さんは、以前バイトで下水道の仕事をしていたことがある。トイレに手をつっこんで詰まったナイロン袋を取り出すってどういうことなのか、体験をそのまんま語ってもらった。

「みなさんが便利に暮らすためにどれだけ多くの人が苦労して働いているのか、想像して生活をしてくださいね」

李さんのひとことで、トイレは二度と詰まらなくなった。


休み時間の保健室でも〝授業〟が始まる。

チャイムと共に、子どもたちがど〜っとやってくる。「カメラ、さわりてえ〜」と言うと、カメラの高津さんは「よし、持ってごらん！」と使い方を教えてくれる。ついでに、カメラで見てきた世界の話もしてくれる。世界遺産の撮影で訪れた国々の話をね。アフリカのライオン、ブラジルのサル……撮影中、息をのむ瞬間があるってことをリアルに語ってくれる。知識と体験は、子どもたちをぐいぐい引きつける。理科や社会の授業を受けている気分！

特にお世話になったのはディレクターの柄子《からこ》さん。ある日、

「山ちゃん、数学と英語がわかりません。今日から保健室で勉強します」

とイキナリ宣言した芯のある保健室登校さん。「ようこそ、保健室へ！」と歓迎したいところだけど、私は教科書を見るだけで、免疫が落ちるタイプ。

ふと、横を見ると、柄子さんがヒマそうに椅子にすわっていた。だいたいディレクターは高学歴が多い。中学生の数学なんて、朝飯前。教え方もハイレベル。受験でしか役にたたない数学は、彼に頼んだ。Kちゃんは、塾に行くよりずっと得した。

文化祭の劇でも、柄子さんは大活躍。Aくんが書いたシナリオがあまりにも軽かったので、「プロのおじさんに相談したら？」と言ってみたら、さっそく放課後やってきた。

「あの……これ、おもしろいですか？」と柄子さんにシナリオを見せた。「これじゃ見てる人がわからない。おもしろくないね」と柄子さんははっきり言った。

Aくん、しょぼん↓すがるような目↓柄子さん立ち上がる。すぐに実行委員を集め、授業が始まる。保健室の黒板にポストイットを貼りながら、シナリオを分析。場面をつなぐ技を解説し、ユーモアを混ぜ込んで蘇らせる。子どもたちは一生懸命メモを取り、この授業をヒントにやりなおした。あとは子どもたちのパワーで乗り切り、すばらし笑いと感動の劇が完成したっけ。

テレビクルーは、こうして信頼関係を丁寧につくりながら、一緒にいるのがあたりまえっていう空気をつくり上げてくれた。プロは見えないところにいちばん時間とエネルギーを使うんだな

～と、教えられた。いい医療も、いい教育も、いい番組も、チームの質で決まる。ディレクターとカメラさんと音声さんが、撮影について対等に話しあえるチームは、いい番組を作る。医師と看護師と掃除のおばちゃんが、患者について対等に話せる病院は、いい医療ができる。校長と学級担任、養護教諭、事務職員……が対等に子どもについて語れる学校は、いい教育ができる。私が出会ったテレビクルーは、そんなことに気づかせてくれた。そして何より、子どもたちに、「大人っておもしろいぞ～」と感じさせてくれる大人のモデルだった。

学校のセンセイは、マジメで責任感が強いから、孤立しやすい。生きた教材は、あちこちにあるんだから、おもしろがって活用しましょう。使わないともったいないよね～！

◆私の好きな有名人…のお話――08年2月8日

その①上野千鶴子さん

おかげさまで『「いのちの授業」をもう一度』が、九千部になりました。わーい！　いえいえ、九千部売れたのではなく、九千部印刷したのです。在庫をかかえて困るのは高文研でしょうが、私は、もーな（とっても）うれしい。そりゃ、七五万部売れてる『おひとりさまの老後』（法研）に比べたら、ちゃんちゃらりん♪ですが、上野千鶴子さんは、そのくらい偉大じゃあきあたりまえ。その上野さんから、昨日、サイン入りの『おひとりさま……』が届いた！　しかも、お手紙が入っていたもんね！　やっほ〜！　感激！

《『We』のインタビュー読みました（注・本書のIに所収）。「インタビューしてる菅井さんって、あの菅井さん？」て思ったら、今、その彼女が私の目の前にいて山田さんの話をしています。お会いしたかったわあ。カニと温泉をご一緒したら、きっと免疫力もあがったと思います。

あなたに、POWERを分けてもらった上野千鶴子より》

菅井ちゃんは福井県に住むあたしの親友。上野さんと一緒に福井でジェンダー本撤去の情報公開裁判をして、県を相手に楽しく闘ってるんだって。判決の後の夜の飲み会であたしのことがたまたま話題になり、その場にいた仲間でメッセージを書いて送ってくれた。直筆だで〜。マジうれしい。あたしも、送っちゃお！　『「いのちの授業」をもう一度』にサインと似顔絵描いて。

その②川田龍平さん

「泉さん、体の具合はどう？」

昨日、りゅうへいさんから電話があった。そう、あの国会議員の川田龍平さん。一〇年くらい前だったかな。性教育の研修でヨーロッパへ行ったツアーでお友達になったんだけれど、ご縁は続いている。二年前だったかな。「今日は、大分に来てるよ!」と突然、電話があったので、「んじゃ、あそぼ」と湯布院へ落語を聞きに行き、別府でラーメン食べてデートした。

ひさしぶりの電話の声。ここだけのナイショ話をした後、「東京へ来るときは、必ず連絡してね〜」と言ってくれた。元気だったら、用事がなくても上京したいちゃね。龍平さんって、あったかい。

その③大野靖之さん

歌う道徳教師ヤックン（大野靖之さん）と知り合ったのは、昨年の一〇月だった。講演で上京したついでに、都会のどまん中をフラフラ散歩していたら、でっかいビルの谷間にピンクリボンのポスターを見つけた。

「あれ?　なんか、イベントしてんのかな?」と、入って行ったら、ピンクリボンフェスティバル（乳がんの早期発見、早期診断、早期治療の大切さを伝える運動）のブースがあった。そこでサイン会をしていたのがヤックン。タッキーみたいなイケメンだったので、つい近づきＣＤにサインしてもらい、ひとこと会話しただけなのに、仲良くなっちゃった。

「ピンクリボンの応援歌歌ってるんですか？　あたしも、乳がんなの。転移したから、治らないんだけどね」

「ぼくの母も乳がんでした」

「へえ、私にも、あなたと同じ年頃の息子がいるんよ」

「そうですか……ぼくはその頃高校生で、母に何もしてあげられなかったです」

そんな会話の背後でテレビカメラがまわっていたとは気づかなかった。彼のドキュメンタリーを撮影しているところだったの。「連絡していいですか？」とディレクターから声がかかり、「はぁ」と言った山ちゃん。

これがきっかけで、一月にヤックンはボランティアでオードリーの会（おおいた乳がん患者の会）に来て、本当にコンサートをしてくださった。これが、あなた、すんばらしい歌だったの！　どんなコンサートも、映画も必ず眠る真ちゃん（夫）が、感激してウルウル。乳がんおばさんたちも、うっとりして泣いた。ヤックンの歌とピアノは、ハートにびんびん伝わる。

コンサートの帰りに、山ちゃん家に遊びにきてくれ、亡きお母さんの思い出話をしながらお茶した。その時に書いてくれた色紙の言葉。

《山ちゃんへ

遠回りでも　寄り道しても　夢みた場所へ　つながっている

大野靖之　２００８／１・13》

そうそう、関東地区のみなさん、ヤックンの番組に山ちゃんも、ちょいと出るそうなので、よかったら見てね！（NONFIX　２月13日〈水〉深夜２時38分〜３時38分）

では、今日はこの辺で、おやすみなさーい。

（なお、明日はＣＴ検査で、転移をさらに見つけて、めげているからブログお休み……）

♣オーケストラごっこの話――08年2月12日

ブログを読んだ人から、「心が痛む」とメールがきたので、痛くない話を少し書くね。

昨日は、大ちゃん（中二）がお見舞いに来た。「水曜日の保健室は、ピアノ教室へ通っているから行けないんで、今から行っていいですか？」と電話があった。二月のちべた〜い風の中、自転車こいで四〇分。大ちゃんは息をハアハアきらしてやって来た。相変わらず髪がピョンとはねているところが、かわいい〜。

バイオリンを習う大ちゃん。手前にあるのはチェロ。

「山ちゃん、ぼくのハガキ読んでくれた？」

「うん。ごめんな。返事も出せんで」

「いえ、いいんです。具合どうかなっと思って……」

退職してから一年たとうとするのに、大ちゃんはハガキをたびたびくれる。えんぴつで書いた丁寧な字が届くたびに、心があったかくなる。ひさしぶりの再会。保健室の常連だった大ちゃんは、ひとまわり体も大きくなり、なかなかの好青年になっていた。

「あ、山ちゃんち、ギターあるんですか！」

と、イスの後ろにおいていたギターをだっこしてニコっと笑う大ちゃん。

「うん。あたし、音楽、好きなんじゃ。バイオリンもチェロもあるでよ」

と、隣の部屋へ案内するとビックリ！

「大ちゃん、弾いてん」と言うと、

「弾けるわけねーじゃん。山ちゃん、弾いてん」

「うちが弾けるわけねーじゃん。がんで右が痛いのに。ドレミだけ教えちゃるけん、やってみぃ」

と言ったら、子どもは天才。すぐに音が鳴った。

その隣の部屋に真美と真美の友達・ようこちゃんがチョコレートを食べながら、寝っ転がって
テレビを見ていたので、連行。

「今からオーケストラごっこするき、手伝って」

「?·?·?·?·?·?·?·」

ドレミもわからない二人にバイオリンを持たせて、特訓。え？　誰が教えるのかって？　もちろん、大ちゃん。さっき覚えたばかりのドレミを伝授すること一〇分。キラキラ星のレッスン一〇分。そんなことでいいの？　と言われればそーだけれど、今どきの子は、音感はイイのです。

大ちゃんはチェロ。真美とようこちゃんはバイオリン。あたしはピアノ。キラキラ星の大演奏会（?·）の始まり〜ってなことをして一時間ほど遊んだんだけれど、音が多少ズレていても、楽しけりゃいいんです。みんなノリノリ！　大喜びだった！

「山ちゃん、オレ、今日、すんげえおもしろかった！」

と、大ちゃんはちべたい風の中、チャリをこぎながら帰って行った。

あたしは、右手を使ったので、イテイテ……と痛みがやってきた。コタツに寝ていたら、夕ご飯は、あっという間にできあがった。ようこちゃんは魔法使いさんのように料理が速くて上手いのです。

♥ 専属秘書・美鈴ちゃん――08年2月25日

六年前「いのちの授業」を一緒につくった子どもたちが、「山ちゃん、何か手伝うことない⁉」と、たびたび家に来てくれている。当時中学生だった人たちが、今は一九歳の春休み。京都や福岡の大学に通っている。中でも、美鈴ちゃんは毎日来てくれ、家事や事務をこなす山ちゃん専属の秘書になっている。

私は、痛みがくると絶句して、横になって眠たくなるもんで、口だけが動くわがままなおばさん。

「お茶碗洗って～」「封筒の宛名を書いて～」「手紙の代筆をして～」「洗濯物干して～」「電話に出て～」「宅急便の荷物受け取って～」……。

なんでも頼めば「はい」とすぐにやってくれる。娘の真美も、美鈴ちゃんと仲良しなので、山ちゃんちは、あったかムード。

水曜日の保健室も、美鈴ちゃんに手伝ってもらっている。美鈴ちゃんは、悩める中学生の相談にのるのも上手い！　おっと、ピンポーン！　やって来た。今日もいっぱい助けてもらおう〜っと。

♠こんな人たちに囲まれて——08年2月26日

そういえば、おとといは熊本から大好きな阿部智子さん（注）と哲雄さんご夫妻が顔を見に来てくれました。わが家で一緒に夕食をしながら、楽しくおしゃべり。昔のプロミン（ハンセン病の画期的な新薬）の激痛（副作用）と、がんの疼痛《とうつう》はどう違うか？　ナ〜ンテしぶい話をしながら、おでんを食べました。別府で上映された『日本の青空』を見た後、寄ってくれたんだけど、映画はもちろん、後の無着成恭さんの講演もすごくおもしろかった！　と興奮していたっけ。

無着さんからは翌日、電話がありました。「泉さん、どうしてますか？」と心配してくださるので、「ありがとうございます。なんとか楽しく生きてます。そうそう、阿部さんから、イノシシの

話、聞きましたよ」と言ったら、
「イノシシではありませんよ。正確にはシシ肉です。〈獅子肉で　にぎわう　お寺の　冷蔵庫〉という俳句の話です。泉福寺の冷蔵庫は今、イノシシの肉でいっぱいなのです。が、いただいた富をひとりじめしてはいけない。みんなで分けます。儲けをどうやって分けるかが政治です。政治はまつりごとです。獲得した儲けをひとりじめする人が政治家になってはいけません、という話をしたのです」

無着さんの言葉は人の心をギュッとつかむ。早く、総理大臣になってほしいちゃね。

今日は、金谷ちゃんと岩ちゃんが、家事支援に来てくれました。右手がリンパ浮腫《ふしゅ》と腫瘍の痛みで使えず、ＳＯＳ！　この二人とは一五年前からのつき合いなんだけど、ゼンマイ仕掛けのおもちゃのようで、見ているだけでおもしろい。よくしゃべり、よく笑い、よく働くオバサン。

出会いは、中学生の保護者と養護教諭という関係だったんだけど、いつの間にか垣根を越えて、仲良しこよし。今では困ったことのほとんどは、このオバサンたちに相談します。

今日は台所、居間、客間、寝室、子ども部屋、物置……ぜ〜んぶを掃除してくれました。わが家の台所のどの棚に、どのお皿が何枚入っているのか、物置に何があるのか、全て知り尽くした二人は家事のプロ。あっという間に家中ピカピカになりました。おまけに、町で拾った笑える話をしこたま仕入れて、イッキに聞かせてくれるんだから最高～！

金谷ちゃんは、遊ぶ天才。掃除の合間に、今日は、バイオリンを真美に教えてくれました。岩ちゃんは、つけっぱなしのラジオよりよくしゃべり、誰とでも話します。

「あら、まあ～ネコちゃんでちゅか～。イワちゃんですよ～。あのね、今日はね……」

「あら、まあ～ワンちゃんもいますね。えっと？　あなたは、あらあら、だーれ？　新顔のワンちゃんですね。今日は雨でさぶいですね」

と、おととい真美が拾ってきた犬とも会話ができます。そんな人たちに囲まれて今日も一日過ぎました。そして、こんな毎日が愛おしい山ちゃんです。

〔注〕阿部智子さん＝一二歳でハンセン病を発病、以来家族と引き裂かれ、五〇年近く、熊本にある菊池恵楓園で暮らしている。ハンセン病の授業で子どもたちと何度も阿部さんを訪ねてお話を聞き、また学校にも来ていただいて交流を続けている。

Ⅳ

子どもって、みんなおもしろい♥

〔対談〕山田 泉 vs 上野 創

対談中の筆者

上野　創（うえの・はじめ）
1971年生まれ、東京育ち。94年、朝日新聞に入社。長野支局、横浜支局を経て東京本社社会部。横浜支局員だった26歳のときに、睾丸腫瘍（精巣がん）の告知を受ける。その直後に会社の同僚と結婚。肺に転移した病巣を、手術と抗がん剤で治療。退院後も２度、肺に再発し、その都度、手術と抗がん剤の治療を受ける。00年から約１年、朝日新聞神奈川版で闘病体験を連載し、反響も取材。その後、教育を担当し、「いのちの教育」「生と死の教育」に関心を持つ。著書『がんと向き合って』（晶文社・朝日文庫）。趣味はスキーとウインドサーフィン。

1 「いのちの授業」をめぐって

❇死から得る〝学び〟というものがあると気づいて

■上野 僕と山田さんの出会いは、二〇〇六年四月、NHKのETV特集「働き盛りのがん」という番組を通してでした。僕は、自分が取材する立場の新聞記者ですし、基本的にテレビには出ないことにしていたのですが、この時はたまたまとても誠実なディレクターさんにあの手この手で説得されて、断る理由がなくなってしまい、出かけて行ったら、その生番組に大分から中継で参加されていたのが山田さんでした。

当時、僕は教育担当の記者だったので、いろいろやりとりがある中で、アナウンサーから、「上野さんは教育を担当しているということですが、大分の山田先生も保健室の先生です。なにか聞きたいことはありませんか」と振られて、そこで初めてお会いしたというか、番組の中でお話をすることになったわけです。

がんをきっかけに、僕自身、「いのちの教育」に関心を持ち続けていたので、山田さんに「いつかぜひ取材に行きます」と約束しました。しかし、「行きます」と言っても会社の仕事で行かせてもらえるチャンスがすぐあるわけではない。それで虎視眈々《こしたんたん》とその時を待っていたのですが、二〇〇七年年明けの連載のテーマが「先生」になり、「よし、チャンスだ」と、企画会議で山田さんのことを提案して、大分に入ったのが二〇〇六年の一一月末でした。

通算三週間ほどの取材で、僕が居たのはもっぱら保健室。時々山田さんが授業に行くのでそれを見学したり、山田さんの「いのちの授業」を受けた子どもたちの中に当時の授業がどんなふうに残っているのか、卒業生に会って話を聞いたりと、盛りだくさんでした。

しかし僕は、山田さんが二年間に四〇人もの外部講師を呼んで「いのちの授業」に取り組んだというその現場には行きあわせていないので、「いのちの授業」についてはまだまだ聞きたいことがあります。そこで、まず一つ。教師の仕事というのは子どもを育てることですから、当然その成果が問われますよね。しかしそれは長い時間が経った後でないとわからない。ところが、僕が卒業生にインタビューさせてもらったら、まだわずかな時間しか経ってないのに、こんなに大きなものが残っているんだっていう答えが返ってきたんですよ。

■山田　「いのちの授業」を一緒にやってきた子どもたちの、何年か後の声を聞いてくれた人は、上野さんが初めてよね。「あの授業はあなたにとって何だったのか」って。あの子たち、今一九歳になって、二、三日前もうちに遊びに来ていたけど、そんなつながりが続いているというのは不思議でしょ。やっぱり一緒に授業をつくってきたからなんだろうなあと、今ごろになってわかる。

■上野　僕が「いのちの授業」に惹《ひ》かれるようになったのは二六歳でがんになり、厳しい治療を受けたのに、二度も再発を繰り返すという体験がきっかけでした。今はおかげさまで何とか元気に仕事ができているのですが、結局、二度の再発、四度の手術、三度の職場復帰を繰り返した。

山田さんの場合もそうだと思うけど、がんという病気は、一回クライマックスがきて、あとは粛々と進むんじゃなくて、波のように次から次にいろんなことが起きてきて、そのつど、死と向き合わされる。たまにちょっと遠ざかったかなと思うと、再び近づいて、「ああ、またそこに近づいてしまったかも知れない」と。ずーっと背中にへばりついて放してくれない。常に死のことを考えるわけです。死にたくないということも含めて。どうせ死ぬんなら、やりたいことを今やろうとか、さっきまで死について考えていたのに、気づくといつも生の話になっていく。死について考え続けながら、生についてすごく真剣に考えている。その時、ああ、死から得る〝学び〟というのがあるんだなあって初めて気づいたんです。

僕はそれまでピンしゃん元気にやってこれましたから、頑張れば何とかなることが多かったたし、ダメな時は自分の頑張りが足りなかったからまた努力しようと思ってきた。しかしそういうんじゃない世界からの〝学び〟というのに気づいた時、ああ、これは人が本来学ぶべき大事なことで、もっとみんながこういうことを考えるようになれば、世の中もう少し優しくなるだろうし、もう少し良くなるんじゃないかと考えたんです。

実際、そういうことに着目して、デス・エデュケーション（死への準備教育）に取り組んでいたのが上智大学のアルフォンス・デーケン先生。さらに調べると、全国に点のようにですが、「いのちの教育」に取り組んでいる先生がいる。

しかし僕は当時、横浜支局の支局員ですから、全国版にはなかなか書けない。だけど、こういう話というのはどうしても全国面でやりたい。そう言ったら上司も認めてくれて、それで取材を始め、書いたのが九九年二月頃かな。でも当時はデス・エデュケーションという言葉もまだ広まっていなかったし、山田さんもその頃はまだ、性教育をバリバリやっていた頃だと思いますよね。

■山田　そうねえ、私が最初にがんの告知を受けたのは二〇〇〇年の二月だから。

❇「いのちの授業」は性教育から始まっていた

■山田　「いのちの授業」を始めたきっかけは、保健室に来た子どもがベッドに寝ころんで「おれ、がんじゃもーん」って、私の方を見て笑ったあの瞬間よね。その瞬間、「やめよう、もう私がここにいたらいけないな」。つまり、ここは元気な子どもと元気な先生たちがいるところで、気持ちも体力も弱っている自分のような人間がいる場所じゃないと。

でも、やめようと思って、目の前にいた子どもに、「ここ、きついわ。やっぱりやめた方がいいかな」ってなことを多分、言ったと思うんよ。そしたら、思いがけずその子が「きついのは山ちゃんだけやない。うちらもきついんや」と言ったので、「そうか。じゃあ、自分の気持ちをしゃべってみようかな」と思ったという流れの中で始まったというか。それで、後になってそういう一連の授業を全部ひっくるめてなんて言うの？って考えたら、あれは「いのちの授業」ということだったのかなって感じ。全部目の前の子どもが言ったことに付き合っていただけなのね。

それ以前にやってた性教育だって同じ！　性のことで悩んだり、困ったりしてる子が保健室に来るから、「ほな、性教育しましょうか」で、先に「性教育有りき」じゃないもんね。

で、性教育やっている中で、その当時は薬害エイズのことでいっぱい事件が起きていたから、薬害エイズの問題を「冬の銀河」という一人芝居を通して訴えていた、ＨＩＶ感染者の草伏村《くさぶせむら》生《お》さん（大分県出身）に学校に来てもらったし、同じく血液製剤でＨＩＶに感染させられたＭくんという高校生に学校に遊びに来てもらった。

そのＭくんがうちの学校に遊びに来た時は、もうすでに脳に転移していて、子どもたちはＭくんの残された時間が少ないとわかった上でだったんだけど、でもそれがものすごくいい雰囲気で交流できたの。彼は最後まで自分の学校の人たちには感染していることを言わないで亡くなったんだけど、でも、「Ｍくんが亡くなったよ」って言った時に、子どもたちはすでに高校生だったんだけど、手紙を送ったら、ずいぶんショックを受けたというか、人が死ぬということはこういうことなのかということを強く感じたと思うんよ。

そのMくんに続いて草伏さんも亡くなって、考えたらその頃から「死から学ぶ」ということは身近にあったよね。草伏さんが亡くなった時、保健室はどうだったかっていったら、草伏さん作詞の曲「冬の銀河」を聴きながら、子どもたちと一緒に保健室で泣いたもんね。私がエイズ学習で使っていた教材はほとんど草伏さんが送ってくれたものだったんだけど、その草伏さんが講演の後、こんな手紙をくれたの。

《……大勢の子どもの前で「冬の銀河」の一人芝居を上演したのは初めてでした。私の話も生徒さんたちに聞いてもらったのですが、死を覚悟しなければならない人間の話を聞いたという体験は、とてもショックな出来事で、夜になって子どもたちが泣き出すのではないかと心配しました。しかしたくさんの心のこもった感想を寄せていただきありがとうございました。ことに生徒さんからの「普通の人だった」という感想をうれしく読みました……》

草伏さんがやってくれたことも、あれはやっぱり「いのちの授業」、デス・エデュケーションやったね。そういう言葉は知らなかったけど。で、その後、私ががんになっているでしょ。だから、「いのちの授業」っていうのは、がんになって始めたことなのかもしれないけど、よく考えたらその前から、自然と性教育の中に入っていたのね。だから、新たに何か始めたというふうに感じない。目の前の子どもの言葉に付き合っていたら、生とか死とかいうテーマが出てくるよね。

❇担任の先生との絶妙なコンビ

■上野　それは、よく言えば子どもたちに合わせて、子どもたちに必要なものに対応していくという山田さんの一貫した姿勢だと思うし、学校っていう文化の枠組みで、悪く言うと、行き当たりばったり、いや臨機応変というべきかな。年間計画にしたがって、〇月の第〇週くらいまでにこれを終わらせなきゃならないんだから、とかいうんじゃなくて、いま目の前の子がこんなことに苦しんで、こんなことで困っているから、ここはこうしなければというやり方ですよね。しかし「いのちの授業」は担任とのコンビでしょ。担任とうまくいくかどうかがカギですよね。

■山田　それが最高にぴったり合ったの！　だって、一つの授業を二人でつくっていくっちゅうのは、打ち合わせの時間が長引けば長引くほどできなくなるのね。だけど、あの時の担任の財前先生とは〝あうんの呼吸〟ってのがあって、朝、学校が始まるのは八時一〇分なんだけど、七時半には学校に行ってて、三〇分間、保健室の隣の部屋で打ち合わせしてた。私がそこにいると、財前先生が来てくれて、

「今日の流れなんやけど、こうやろうと思うんやけど、どう？」

「ああ、じゃあ私、ここで出ましょうか？」

「そやね。ここまかせようか」

「じゃあ、それでいこう」

何をするかっちゅうのはもちろん二人でわかってるんだけど、あとは成り行きっていうことで呼吸が合った。実際、次のことは私たちにもわからないのよ。だって子どもの質問から次の展開が始まるんだから。その時間にどんな質問が出るか予想がつかないやろ。で、終わった後に感想を読みながら、こんな質問が出たねって。でも、放課後も部活があるから担任とは打ち合わせができない。

「私、今日試合があるんですよ」

「わかった。じゃあ、あなたのクラスの美鈴ちゃんと芙沙子ちゃん、保健部だから、その子たちと打ち合わせしとく」

「あっ、お願いします。あとはまかせます」

それで、私と美鈴ちゃんと芙沙子ちゃんで、明日の指導案作るじゃない。朝、財前先生に「こんな感じ」って言ったら「OK!」。財前先生って、すごい勘のいい人でね、それで回っていったのね。
■**上野**　逆に、担任の先生から、「ここは私にやらせてもらえませんか」とか、そういうのはなかったんですか。
■**山田**　あるよ。お互いのひらめきと特技を子どものために出し合うんだから対等の関係じゃ。財前先生は国語の先生だから、字がきれいだし、教材作るのうまいのよ。短冊とか作るのも、さっ、さーっと。しかも板書がめちゃくちゃうまい。それで、私がしゃべるのを、財前先生がまとめてバーッと板書するの。だから、ふっと振り返ったら、自分と子どものやり取りが全部黒板に並んでるわけよ。それをじーっと見たら、「あっ、ここ」って、ひらめくじゃない。ここをもうちっと話し合ったらいいんだと思って、財前先生に「あー、ここんとこ、もうちっと話し合いたいんだけど」って言うと、「あー、わかりました」。財前先生も、行き詰まったら私に振るわけ。一方が授業してる間に一瞬時間があると、ひらめくんよ。ずーっと自分一人でやってると、わかんなくなるのね。どの辺が大事かって。それは絶妙な呼吸やった。

■**上野**　それは今で言う、ティームティーチングの理想型ですよね。一人だけが突っ走っていくんじゃなくて、上手にそこをやり取りしていくってことですよね。

■**山田**　そうそう！　それは対等な関係。チームが組めたんよね。

❇最高の管理職、この人について行こう！

■**上野**　もう一つ、僕、すごく重要だと思うのは、やっぱり管理職だと思うんですよね。今の学校は管理職自身もすごく忙しくて大変じゃないですか。いろんな形で制約があるから、ちょっと山田さん、そんなことしてていいのかとか、学習指導要領のどこに該当するんだとか、「年間計画にないですよ、先生」とか。そういうことは起きなかったんですか？

■**山田**　偶然の巡り合わせやね。あの時の管理職は最高だった。「山田先生の思うようにのびのびやってください。責任は私が持ちます」って言ってくれた。「のびのび」とか言われるとうれしいよ。

私はその時の校長先生の姿を見て、ものすごく勉強させてもらったわ。校長先生はよく動く人で、子どもが怪我して入院するでしょ。「さえちゃん、退院して帰ってきますよ、校長先生」と言うと、「ほんとだねぇ、帰ってくる準備しなくっちゃ」とか言って、金づちを持って、学校中のトイレを〝座るトイレ〟に作り変えたの。〝座るトイレ〟って、ドアを逆に付け替えないといけないらしいんだけど、それを全部一人でやった。それも黙ってするわけよ。校長先生、校長室にいないから何してるんやろと思ったら、体育館のトイレから学校中のトイレを作り直してる。

■上野　業者を使ったりしないで、自分でやってたんですか？

■山田　そうそう、理科の先生だったけど、あの年代のベテランの先生って、「電気ここ壊れてます」って言ったら、ささっと修理したり、何でもできる人が多いやん。そういう校長先生の姿を見てたんで、「この人についていこう」っち思った。言葉と違う世界ね。動きが全部子どものためなの。だから、他の先生たちも、その校長先生の後ろ姿を見てたからよく動いてた。で、教頭先生は病気だったし……。

■上野　肺がんでしたよね。

■山田　そうそう。先月、子どもたちを連れてお見舞いに行ったんよ。そしたら、呼吸がかなり苦しいみたいでベッドに寝てて、ちょっとだけ、五分くらいの面会だったんだけど、息ハアハア言わせながら子どもたちに言った言葉が、「お前たちは健康でいいなあ」って。その後、「泉ちゃんを頼むぞ」って言ったんよね。私、それ聞いた時に、なんちゅうのかなあ、「いい出会いや」って思ったわぁ。一番苦しかった時、現場に戻って、同じ病気を体験した人が職場にいたというのは運が良かった。お互い何も言わんでもわかる。校長先生もお連れ合いを膵臓《すいぞう》がんでなくしてて、家族の悲しみをわかっているから、何も説明しなかったけど、すべてを汲み取ってくれてるっていう、そういうチームが組めるところに私がいたというのが本当に恵まれていたと思うね。

❇問題が多いクラスほどおもしろい

■**上野**　もう一つ、子どもたちのことですが、一生懸命やっても全く反応がないとか、「いのちは大切だと思いました」みたいな紋切り型の反応しかないとか、そういうふうだと、なかなか続けていけないと思うんですが、子どもたちはどうだったんですか？

■**山田**　子どもっていうのはもともとおもしろいものを持っちょるんよね。ただやりがいがあるクラスとそうじゃないクラスってあるよね。やりがいのあるクラスっちゅうのは、問題が多いクラスね。教室入った途端に、「何か来た、アホ！」みたいな。

■**上野**　ウザーイとか。

■**山田**　そうそう。バカみたいとか。あとイジメっていうか、いじわるが多かったり。でもそういうバラバラなクラスほどやりがいがあるね。やりがいというか、おもしろい。だって、相手に気に入られようと思ってないから。いいクラスというのは、そこそこに勉強ができるというのもあって、内申書とか、高校への推薦とかが頭にあるから、そのために先生に気に入られようとするような動きが中学生くらいになるとだいぶ出てくる。一方で、壊れているクラスというのはレールから降りている人たちが多いのよ。レールから降りるっちゅうのが、ある意味、おもしろいんやね。

■上野　地がもろに出てくる？

■山田　そうそう、利害関係がないからね。特に保健室のおばちゃんなんか利害関係ないやん。私が別に点数つけるわけやないから。だから、教室に入った途端、おばはんが来て、うるせーみたいな。そういう雰囲気ってすぐわかるし、そういうの見ると、その人たちがどこまで一緒につき合ってくれるかっちゅうのはスリルがあるやん。最初から膝に手をついて、聞きましょうモードやったら、そういう子どもたちは行儀がいいのはいいんだけど、突拍子もないこと言わないやん。わけわからないことを言う子がおると、なんかこう血が騒ぐというか……体質かねぇ。

■上野　体質でしょうね（笑）。でもそれはしんどいことを引き受けていくということでしょう、ある意味で。

■山田　そうねえ。それと、おもしろい感想に目がいくの。もちろん「感動しました」もいいわけよ。その子が、そういう距離でつき合おうとしているのは、その子なりの知恵やん。そういうのもあっていいと思うのね。でも、中に「頭が混乱しました」なんてのがある。私の授業で頭が混乱したって書いてるわけよ！　そういうの見ると、なんかワクワクするやん。それで「ちょっとこれ、どういう意味か教えてよ」って聞くと、

「だってさ、山ちゃん、いきなり数学の授業のあとに、『今日は死について』と黒板に書いて、亡くなった人の話とかされても、ついていけねーじゃん。混乱して頭の中が洗濯機みたいなもんだよ」

「ごめーん、そやった。私、今まで事前アンケート取ってたんやけどな、今日はバタバタしてたんで悪かったえー」

「ほんと、混乱したよ」って。

そういうやりとりの中で「じゃあ、次どうしようか」という相談ができる。「だから、次はね、前の時間の感想から入って、それでもう少し自分の教室のことを考え直さなきゃ」「そうやわねえ。で、その次、どうしたらいい？」「今、イジメとか起きているから、ああいうのに結びつけなきゃ」「そうか！　じゃあ、ちょっと教材探すから」っていうふうに、授業のノウハウを中学一年生に教えてもらうわけ。でもそれが当たってる。キーワードは子どもが持っているのね。で、うまくいかなかったなって思った時の授業の方が、次うまくいく。逆に、うまく伝わったなっていう時は、次が出てこないのよ。どうしてかねぇ？

■**上野**　みんな納得しちゃって、完結しちゃうのかな。

■山田　そう、そこで一応「よかった。よかった」みたいな。「今日ダメやった」って時は、「どうしてダメやったんやろう」ということで、子どもが次を教えてくれるのよ。でも何年やっても、二八年間やったけど、失敗だらけ。少しは慣れたのかと思ったけど、うまくいった授業なんてほとんどないね。

■上野　でも、僕がインタビューした卒業生たちは、それぞれ大きなものをメッセージとして受け取っていましたね。すごい引っ込み思案で、いつも引いてしまっていたけど、自分というものを出していいんだと思ったとか、自分なりに生きていっていいんだとか、自分の畑を自分で耕していくような学びの仕方になっているなあっていうのをすごく感じました。それもみんなが同じことを言うんじゃなくて、それぞれが自分なりに違うことを受け止めている。

僕が卒業生の声を聞きたかったのは、あの授業を受けて二年が経ち、三年が経った時に、彼女たちは違う経験をいっぱいしているはずで、例えば恋愛もしただろうし、友だちとの関係もがらっと変わっただろう。さらに今、大学受験で忙しい時期だと。そういうところで、かつて学んだものが彼女たちの中でどんな形になっているんだろうか、それは何なのかなと思って聞いたら、そういう驚きがあったから、ああ、やっぱり、山ちゃんの授業ってのはすごく大きいなあと思いましたね。

❇先生たちの感想がおもしろくなっていった

■山田　外部講師を呼んで続けた「いのちの授業」でも、やり方を教えてくれたのは子どもたちだったよね。湯布院の旅館・亀の井別荘の社長さんの中谷健太郎さんにも学校に来ていただいて、平和授業してもらったんだけど、一人の人を呼ぶ前には必ず事前授業をするのね。その準備をするのは子どもたちなんよ。

中谷さんは、温泉町の湯布院を町おこしで活性化させた人なんやけど、すぐ近くに日出生台《ひじゅうだい》という自衛隊の演習場があって、そこには米海兵隊も沖縄からやって来て大砲の実弾訓練もする。それで中谷さんたちは、「観光業は平和な暮らしの旗。夜は静かにしてほしい」と言って、「ふくろうの会」というのをつくって、夜間演習はやめてくれという運動をしたりしている。

でも子どもたちは、中谷さんてどこの誰だかわからない。「何でそういう人、来るん？」て言うやん。「じゃあ、調べようか、いっしょに」「えーッ、本で調べるの、嫌じゃ」「じゃあ、行こうか、車で」。そこで、事前に日出生台を回って、中谷さんのお話を聞いて、中谷さんはどういう人で、日出生台はどういうところでというビデオを作って、全校集会で見せるんですよ。そのビデオを見て、感想を書いて、教室で一回話し合って、何を質問したいかというのをまとめておく。

そして当日、中谷さんのお話を聞いて、もうわかったことは質問しないけど、わからなかったことを質問する。そういうスタイルはマニュアルにもどこにもなかったけど、子どもたちの声を聞いたら自然にそうなっていったよね。

■上野　子どもたちはさっと手を挙げて質問するものですか。

■山田　最初は手を挙げること自体、全校生が見てるし、あいつ手を挙げてる、人と違うことをするというので、絶対せんかったね。「保健だより」に感想を載せるのも「名前は絶対出さないでくれ」。だから載せたいと思ったら、教室に行って「載せていいですか？」って聞いて、「ダメ！」って言ったら載せない。それくらい自分が持ってるものを出すのは恥ずかしいと思ってたみたい。

でも、子どもって慣れるんやね。一橋大学の講師で、〝人間と性〟教育研究協議会代表の村瀬幸浩先生が来てくれた時なんかも、「ここの中学生はすごいね！　私の目を見て、感想発表したり質問していたね。ビックリしましたよ」とほめてくれた。

あと、中心になる子たちはそのつどテーマによって変えた。中谷さんを呼ぶ時は平和がテーマだったので、「平和実行委員会、作ります」って。夏休みになるまで一週間あるんで、その間、平和担当の先生か保健室に申し出てくださいというように。それと、私は一人でやると間違いやすいということを知っているので――ここが私の唯一エライところで（笑）いつも誰か他の先生と組んでたね。平和学習の時は平和担当の先生と、というように。そうでないと、暴走する。私、何かおもしろくなったら夢中になって周りが全然見えなくなる方だから（笑）。でねぇ、そういうことをやって、いつのまにかさあ、誰がいちばん元気になったと思う？

■上野　うーん、もしかして教師？

■山田　そう！　先生たちがなんか生き生きしちゃって。外部講師の人に話をしてもらった後は、必ず最後に子どもが感想を述べるんだけど、その時、先生も必ず一人、前に立って感想を言うことにしてたのね。でも教師の感想って、だいたい子どもよりおもしろくないやん。ところが回を重ねるうちに、だんだんだんだん先生たちの感想がおもしろくなっていったの。何がおもしろいって、自分のことをしゃべるわけ。

「実は、今日の話を聞いて、私は家族を大事にしているだろうか、このままの人生を送ったら自分が死ぬときに家族が側にいてくれないんじゃないか。やっぱり家族を大事にしなきゃと思いましたわー」と。それはもう教師じゃないよね。一人の人間としての思いを述べている。そんな時間て、学校にはあんまりないんよね。

❇授業の中で一回でいいですから、生徒を笑わせてください

■上野　学校の先生って、そういうふうに自分を語ることにすごく抵抗強いですよね。でもおもしろいことに、記憶に残っているのは自分を語ってくれた先生なんですよ。僕が今もすごく印象に残っているのは高校の古文の先生で、古文って恋の歌が多いじゃないですか。その先生は授業中、突然ふっと窓の外を眺めて、「あれは大学二年の時だったなあ……」とか言い始めるんですよ。「相手は友だちの妹でね」とか。僕らはふむふむって、みんなで聞くわけ。それで、こう、遠い目をして、

一通り語った後に、「あっ、この歌の意味に戻ろう」とか言って、また授業に戻っている。だから、こういう切ない想いを昔の人は詠んでるんだな、なんて今でも覚えている。

そういう人間としての先生、それが授業とリンクして、大人の人間的な一面みたいなものがかいま見えた時、「ああ、ここにいるのは教師であり、同時に人間なんだ」と感じるじゃないですか。だけど学校の先生って、ナメられちゃいけないからか、すごくバリアー張り巡らして、まるで先生には悩みもないし、不安に思っていることもない、しかも万能ですべてのことは知っているぞみたいな、そういう人が結構多いですよね。
■山田　それは個人の資質もあるんだろうけど、仕組みの問題もあるんじゃないかなあ。私って、地域でいろんなことをしてきたやん。コンサートやったり、映画会したり。でもそんなところに、学校の先生ってほとんど来ない。学校と離れて個人の時間を取り戻すということをしてない人が多いと思うのね。それはそれだけ忙しくなってるということもあると思うんだけど、集団というのは中にちょっとは違ったタイプの人がいないと、バランスが悪くなると思わない?
で、私が「いのちの授業」の外部講師を呼ぶ時、本能的にやったことは、学校の中にいないような人をいっぱい連れてきた。あまりにも学校には似たタイプの人が多くて息苦しいわけよ。呼吸が苦しくなる。だから全然違うタイプの人がいると楽なの。だいたい保健室はしんどい子どもたちが来るところでしょ。だから誰かが来て、落語でもいいのよ。落語でもなんて言ったら、落語家の人に失礼やけど、思いっきり笑う授業とかね。だから職員会議で言ったことがあるの。

「すみませんが、保健室に来る子どもたちがしんどいしんどいと言っています。一番しんどい日は、と言いますとですね。国数理社英の五教科の五時間の授業の時が子どもたち一番しんどいと言ってますので、授業の中で一回でいいですから、生徒を笑わせてください。いっぺん笑わせてくれるだけで、だいぶ保健室の生徒、体調良くなると思いますから」

そう言ったら、先生たち、いい人が多いから努力するわけよ。するとてきめん、来る子どもが「山ちゃん、今日理科の授業の時にこんな話、真剣《マジ》おもしろかった」とか言うの。「よかったねえ」って。たったそれだけでも楽になるのね。そうやって一個一個、お互いもっと楽になろう、そして時に、とびきりおもしろい人が来るのがいいやん。そのとびきりおもしろい人を二年間で四〇人連れてきたというわけ！（注・二年間にわたる「いのちの授業」の取り組みは二三四〜二四一頁参照）
■上野　その中には村山富市元首相までいたわけでしょ。永六輔さんも来るし。
■山田　そうねえ、いろんな人が来てくれたけど、でも学校でしゃべるっちゅうのは、来た人たちはみんな喜んでくれたけどね。
■上野　そうだと思いますよ。それは僕にも経験があって、ある中学校に呼ばれて話しに行ったことがあるんです。初対面の中学生の前でしゃべるなんて、こんなに怖いことないですよ。能面みたいに無表情で、聞いてるのか聞いてないのかわかんないし、伝わってるのかどうかもわからない。

おまけに自分が中学生だったら、一時間二〇分こんな話聞かされて嫌だろうななんて、いろいろ考えてしまう。だけど、がんを体験して思ったのはこうこうこういうことなんだというように一生懸命しゃべって、あと、生きるのは苦しいけど、楽しいこともいっぱいあるんだよ、みたいな話をして。それでも「ああ、なんかうまく伝えられなかったなあ。つまんなかったとしたら悪かったなあ」というような気持ちになるんだけど、あとで送られてきた感想を読むとね、いろいろ自分の言葉で表現している子が何人もいて、「あー、よかったな」と。

❇飛び込み授業の面白さ

■山田　私は、昨年退職してから、何校かで「いのちの授業」をさせてもらったんだけど、飛び込み授業の面白さってあるね。普通の授業の面白さとまた違って、こんなに面白いものかと思ったよ。最高やね、飛び込みは。あ、飛び込みもですけど（笑）。

飛び込み授業の面白さって、教室に入った時は子どもたちが硬くなっていたのが、次第に心を開いていってくれる、そういう瞬間を味わう時よね。だいたい「いのちの授業」っちゅうのは、子どもたち、構えているんよ。「人間はね、ずっと生きているわけやないから、もっとがんばりなさい」って言われると思ってるんよ。でも、私はそういうことを伝えに行ってるつもりやないもんね。で、どこの学校に行っても、子どもたちが手を挙げて言ってくれるの。それはすごい勇気と思わ

ない？　それがまた意外な子なんで、先生たちがみんな驚く。「あの子が言った」って。ある中学校では一人の男の子が、

「実は、自分はずっといじめられてきました。けど、今日の話を聞いて考えたら、自分のことを助けてくれる人はいっぱいいるということに気づきました。でも、僕はその人たちに感謝する気持ちを忘れていました。それに気づかせてくれてありがとうございました」って。

だいたい、中学生っち、手を挙げて言う年齢じゃないやん。それにみんなの前で、パッパッて手を挙げられる雰囲気でもない。そんな中で、立ち上がって言ってくれる子がいるってことがすごいよね。あと、自分の身近な人の死を語ってくれる。おばあちゃんがとか、実はお母さんが乳がんで今も大変なんですとか、もうその先聞かなくてもわかるやん。「よくやってるよねー」って言って、そっと肩を抱くと、わーっと泣き出す。

授業が終わって帰ろうとしたら、玄関の所に立ってるわけよ。なんか訴えてるのね。「なにか……」って言ったら、「いえ、もう一回、会いたくて」って。「ごめんね。時間ないけん、あんまり話せなくって」「いえ、ありがとうございました。やっていけます」と言ったり。

それと、帰る時は私、たいてい保健室に寄って、養護の先生にご挨拶するんだけど、ある学校で、「いやあ、うれしかったです。三回自殺未遂してる子が、『もう今日限り自分で自分の命を絶つことをやめます』って言いにきてくれたんですよ」って。

そういうのを聞くと、本当に行ってよかったと思う。たった一回きりでもそんな出会いがあるし、一瞬でもそんなふうに思ってくれたのがうれしいよね。それに、私が行くのは一回きりだけど、あとは、そこの学校の先生たちがつないでくれるんよ。「あとは私たちがやりますから、ここまでやってくれてありがとう」、そんなふうに言われた時は、しんどかったけど、行ってよかったなあって。

■上野　そこですよね。要するに先生たちは全部自分たちでやろうとしなくていい。言葉は悪いけど、外部講師を上手に使いこなせばいいと思うんですよ。

■山田　そうそう。ほんとにそうなんよ。

■上野　自分の授業の中で誰かに来てもらって、しゃべってもらって、それで子どもの心が動いて、それを次につなげていく。主役はゲストじゃないわけだから、生徒のためにどういう〝道具〟になってもらおうかぐらいのゲストの使い方でいいんじゃないのかな。

❇学校の中を見渡したら「先生」はすぐそばにいる

■山田　でも、そういう人は外部から来てもらうしかないかというと、そうじゃないのよ。例えば学校の中を見渡したらね、いるのよ。校務員さんとか事務の先生とか。

性教育の授業の時もね、男性の事務の先生が子育ての真っ最中だったから、「ちょうど今、結婚についてというテーマで授業するところだから、結婚して子どもが生まれた後、あなたはどんな時間の使い方をしているか、授業の終わりの方でちょっとしゃべってくれない」って頼んだら、「あっ、いいですよ」って、ちゃんと「自分の一日」というプリントを用意して話してくれたんだけど、それをしゃべってもらうだけで、子どもたちの反応が全然違うんよ。ビデオなんか見せるのと違う。わざわざ三万円もする教材買わんでも、〝先生〟はそばにおるんよ。

あと、給食のおばちゃんに、ふりかけをどうやって作っているかっちゅうのを話してもらったね。添加物がどんなふうに入ってて、どんなふうに排除しているのかとか。給食センターって油をいっぱい捨ててるじゃない。で、どうしてそんなに捨てるのかとか。〝先生〟って名前が付かない人たちに教室の中でどんどんしゃべってもらうと、子どもたちはすごくおもしろがる。そういう中の一人が、養護教諭でもあると思うの。

だから、学級担任が自分をコーディネーターと思えば、ちょっと養護教諭来てください、今日は事務の先生、今日は校務員さん、たまには校長先生、教頭先生……。タバコの授業をする時なんかも完璧できるもん。職員室見たら、タバコ吸ってる先生おるやん。やめた先生もおるやん。やめた先生に「今日、タバコの授業二時間目なんですけど、ちょっと体験話してもらえます？」って言ったら、「じゃあ、行きますわ」って。で、「やめて良かったこと、三つくらい言ってください」って言ったら、お小遣いが増えたとか、火事になる確率が減ったとか、家族が文句を言わなくなったとか言ってくれて、それだけで子どもたちには納得するものがある。ビデオもいいんだけど、そういう生の人間の声っちゅうのは心に響くのよ。

もちろん、いろんな体験をしたり、活躍している人に来てもらうのもいいんだけど、そこまでできない時は、ふっと周りを見渡したら、職員室の周りに結構いるのよね。だから担任は教室を独り占めしないで、自分を専門家と思わないで、主役はあくまでも子ども、自分はその子どもをサポートする存在と思えば、いろんなことができると思うんや。ところが、教師は自分が主役と思ってしまうところがあって、そこがね、私、どうも違うんやないかと思い続けてきたのね。

2 学校が息苦しい

❇心のケアをすることと勉強を教えることは同等

■上野　これは一度聞いてみたかったんですが、養護教諭の存在ってすごく大事だと思う。だけど、保健室の先生って、なかなか授業にはコミットしていけないですよね。それって、どうしてなんですかね。学校の中のピラミッドみたいなものの一番下にいるみたいなイメージがあるんですか。

■山田　う～ん、あるかもしれないね。養護教諭が授業をするということそのものが、しなくていいことをしているっちゅうふうに思われているというか。でも、例えば性教育だって、一冊本を読んだからできるっていうもんじゃないやん。だから、そういうことに詳しい人に手伝ってもらうという発想をすれば、養護教諭ってもっともっと活用してくれたらいいなと思う。でも実際は、なにもかも担任の先生がしないといけないという雰囲気はあるよね。

私は、心のケアをすることと、勉強を教えることは同等、同じレベルと思うんや。学校って、心のケアをするということなくして、勉強を教えるだけじゃ、こういう時代だけにやっていけなくなると思うんよ。心のケアをするということは、どう生きたらいいかとか、人はどう死んでいくのかっていうことを学ぶことも含めてだけど、それがテストの点を上げることとの勉強と同じ意味があるっちゅうふうに気がつかんとね。こっちが先で、こっちが後って思ってる限りは、養護教諭の仕事っちゅうのはどんなに大事かということになかなか気づいてもらえんのやないかね。

■上野　その、テストの点をどう上げるかというノウハウは受験産業を中心にずっと蓄積してきましたよね。学校にもあるし、塾にもある。だけど、人が生きること、死ぬことについてどうやって授業をつくるかとか、子どもの感想や外部の講師をどう上手に使ってその分野の授業を展開するかってというノウハウはほとんどない。マニュアルもないし、教則本もない。じゃあ、マニュアルと教則本があればいいのか、「心のノート」一冊あればできるのかというと、そういうものでもない。そういうやこしいものだし、結果がすぐ形で出てくるものでもない。数字にも出てこない。そういうテストで評価もできないようなものというのは、なかなか手を出しにくいんじゃないですか。担任

も教科担任も、それから養護教諭自身も。

■山田　やりたいっち思っている人はおるやろにね。

■上野　僕が「いのちの授業」を取材し始めた頃、これは誰が見てもおもしろいから爆発的に広がっていくだろうと予想していたんですよ。ところが全くそうならなかった。みんな孤立していて、というか、各地の点でしかなかった。それが最近やっとつながって線になってきたかなという感じかな。

■山田　そうねえ、でも、学校ってさあ、けっこう不自由なところなのよ。組織っちさあ、学校以外の所もそうなの？　あなたの役割はこれだから、これ以外やっちゃいけませんとか。自分の発想で、自分の思いつきで、何かやるのは許されないことなの？　私なんか、子どもたちにとってどうかというだけで、力を合わせてチームを組む、それでいいと思うんだけど、そういうことは組織にいると許されないことなの？

■上野　そういう制約はどこにも必ずありますよ。いくら僕が、これこれこういう人がいて、ものすごくおもしろいから、ぜひ取材して記事にしたいですと言ったところで、「それのどこがニュースなの」「あなたの前向きの気持ちはわかるけど、記事として成立していくだけのニュース性ってどこにあるの」みたいなことは当然ある。だから山田さんにテレビで初めて会って、「いつか必ず取材に行きます」と言ったけれど、そのタイミングはすぐには来ない。そんな中で、でも、組織にいるから何もできないかというと、そうじゃなくて、じっとその時期が来るのを待つ。で、たまたま半年後に、「あっ、やっとチャンスが来たな」と。つまり組織にいるというのはすごい制約なんだけど、その制約の中でやっぱり本人の熱があれば、すべてとは言わないけど、実現はしていくと、僕は信じてるんですけど。

❇何やってもいいっていう総合的学習の時間は最高だった！

■山田　そうねえ、確かにそうだねえ。

実は私、最初のがんで入院して戻った時、総合的な学習の時間というのを知らなかったんよ。休んでいる間にできてた。そういうことを知らないで、学校に戻った時、私が性教育の年間計画を出したら、校長先生が「今ねえ、総合的な学習の時間というのができたから、これ、全部それに変えといて」っちゅうのね。「何ですか、それ?」って、他の先生に聞いたら「何してもいいのっ!」って。ほーっ! 週二時間も! それに学活があって、道徳の時間が使えて合計週四時間! そんなに時間があったらいろんなことができるやん。こんなおもしれぇことねぇやんと思って、わぁーっと年間計画書き替えたのね。

そういうのを待ってたの、こっちは。もっと時間がとれたらやれることがいっぱいあるのに、と思っていた私たちには、最高の時間のわけ! なぜなら自分たちでつくれるんだから。こっちは頭爆発するくらい想像力があって、それに子どもたちが噛み合えば、こんなおもしろいことねぇよね。学校がやりやすくなったぜーって(笑)気持ちだったんだけど、ふっと見ると、何をしたらいいかわからないという先生、いっぱいいたよね。

■上野　文科省が具体例を示してくれないと困るんだよ、みたいにね。

■山田　具体例がないのが最高で、まかせてくれるというのが現場の私たちにとってはどんなにやりやすかったか。性教育もここに入る、あれもこれも入れられる。特色出せばいいんでしょ、出したいことばっかりだもん。もう、文科省さん、ありがとうって感じよね。あれはもう、最高やったけど。でも学校にはそういう自由にやっていいことって、本当に少ないよね。

今ふっと思い出したんだけど、私、頭がヘンになった時期があったんよ。学校にいるとおかしくなるという意味わかる？

■上野　うん、言ってましたよね。

■山田　多分、上野さんだって、学校にいたらおかしくなるんじゃないかと思うんだけど、学校っていうのは、そういう雰囲気を持ったものがあるんよ。その人がどうだというより、あの中にずーっといるとわからなくなる。私が自分で恥ずかしいなと思うのは、新採用から四年目くらいの時、卒業式に出ている子どもたちの後ろ姿を見てて、髪をとめているゴムの色がヘンて思ったんよ。
その時の学校は全校四〇〇人くらいの小学校で、子どもたちは制服だったんだけど、後ろから見ると、髪をとめているゴムが黄色とか、青とか、みんなバラバラなの。こんなにいろんな色のゴムしてていいんかなあって思ったの、この私がよ！　それで、「あんないろんなゴムの色してていいんですかね」って言ったのを覚えているの。感覚としておかしくなっているんよ。みんな揃って、みんな同じ色を身に付けて、みんな同じように動く、それを自然と思う、そういう感覚って何だろうね。

■上野　そういう同調圧力というのが学校の世界で強いということなんでしょうね。

■山田　ただ、私がそういう世界にがんじがらめにならず、フツーの感覚のまま（私がフツーかどうかわからないけど）こられたのは、一つは、歩みの会（障がいを持った子どもたちの会）のボランティアをしていたことが大きかったと思う。そこに来るお母さんたちや、代表の寄村仁子さんから学ぶことがものすごく大きかったよね。毎週土、日曜には泊まりに行ったりしてたし、学生時代から時間の使い方としてそれが当たり前だったから。そういう外の人たちとの付き合いが長く続いていたということ、もし私が学校の先生との付き合いだけを主にして、一生懸命目の前の仕事だけしていたら、きっとゴムの色がヘンて思う教師のままだったと思う。

❇新鮮だったＨＩＶ感染者のサポート会議

■山田　あと、これも今思い出したんだけど、その頃大分にはＨＩＶに感染した人を支えようと「エイズと人権を考える会」というのがあったの。中心になっていたのは、寄村さんと、のちにハンセン病国家賠償訴訟西日本弁護団長を務めた徳田靖之弁護士で、月一回サポート会議というのを開いてたんよ。当時、ＨＩＶ感染者への差別はとてもひどくて、自分の家にいられなくてどこか別の所に部屋を借りて住まわせられるといったことがあって、何とかしなければならない。そこに私、毎回出ていたの。

そこでは一人の子どもをめぐって、どうしたらその子が普通の暮らしが取り戻せるか、家庭訪問には誰が行こうかとか、その日、仕事を休めるのは誰だとか、その部屋にはストーブがないらしい、じゃ、誰がストーブを持って行くかとか、一人の子どもをめぐって一時間くらい真剣に話し合うのよ。徳田先生がそれを一生懸命やる。

その会議に出てて、私、職員会議でこんな話、したことねぇなって思ったんよ。職員会議って、もともと一人の子どもがもっと楽しく、もっと生き生きと暮らせるためにどんな援助をしたらいいかということを話すところのはずなのに、どうしたらスカートの長さがいっしょになるかとか、どうしたら卒業式にみんな制服をきちっと着るかとか、そういうことを話す時間が多いわけ。もしかして何か違うんやないか、徳田先生たちがやってることが本当の職員会議なんやないかって、そこに出ながら思ったのね。

その月一回のサポート会議がものすごく新鮮だったのよ。草伏さんが亡くなる時も、東京に何人かお見舞いに行こうかとか、あるＨＩＶ感染者が肉腫ができて足を切除した時も誰かお見舞いに行こう、でもお金がない、じゃ、カンパしよう、誰が行く？　そんなふうに一人の人のために何ができるかということを話し合う。そういう仲間がいたというのは大きかったね。つまり、もう一つの世界を自分が持っていたということ。それも全部、自分のお金と時間を使ってやってたわけだから。

❇フランスで見た教師の赤いショール

■**上野**　その同調圧力ということに関連するんだけど、中学生って周りの目がすごく気になる年代でしょ。周りと違ったら浮いちゃう、そういうことにある種、恐怖感を抱いている。その一方、自分は他の子と違うんだと、自分を出したがるところもあって、全く正反対のことで悶々としている。そんなイメージなんですが、それってどうなんでしょう?

というのは、学校という装置は同調圧力が強い。いっしょに動いて団体生活、一つの目標に向かってみんなでがんばる。そういう環境にあって、一方では、個性があっていいんだよ、個性を出せと。昔から学校というのは居心地が悪いというところがあったんだけど、今の学校はなおさら悪くなっているような気がするんですが、それはなぜなんだろう?

■山田　その答えは、全然わからないんだけど、そういう環境の中にいて、私にできることはなんだろうといつも考えてたね。

私、二〇代と三〇代に二回ヨーロッパに授業見に行ってるでしょ。その時、つまらないことを覚えているんだけど、フランスの学校に行った時かな、女性の先生がものすごくきれいな人で、真っ赤なショールをかけて黒板に向かって字を書いてたんだけど、振り向いた瞬間、そのショールがパッと落ちたの。それをさりげなく拾って肩にかけると、また黒板に向かって文字を書き続けたの。それを見た時、私、こんな先生、日本にいねえっち、思ったよ。なんかモデルさんが授業してるみたい。で、日本に帰ってみたら、体操服着た先生が授業してる(笑)。

■上野　サンダル履いてね(笑)。

■山田　そうそう！　それで子どもたちに美しさとか、きれいとか、おしゃれってどういうことかなんて教えられるかなって。そういうことって、大事じゃない。それで私は、体操服着たまま一日過ごすのはやめようとか、せめてきれいな色の洋服を学校に着て行こうと。そういうふうに、学校という箱（仕組み）の中で、どうやって過ごそうかというのはいつも考えていたと思う。

けど、二八年間も学校にいたけど、なんにも変えられんかったよ。だって私、理屈言いきらんし、職員会議で言えるような言葉も持ってねぇし、プリントなんかもたいしたこと書けん。子どもとしゃべるだけがとりえだったけん。そういう中で、自分はどう生きようかなと考えた時、そうや、おもしろそうな人を連れて来よう！　で、保健室には「いのちの授業」の打ち合わせで、学校の先生でない人がいつもお茶飲んだりしてる。「待てよ、じゃあ、子どもたちにもお茶出そうか」、しかしお茶を出すと誰かがお茶碗を洗わなくてはならない。「じゃあ、保健室登校の子に洗ってもらおうか」。洗っていると、子どもたちは「ありがとう」と言う。いいじゃん、これ！

そんな感じで、保健室に音楽流しておこうかとか、ラジオいっしょに聴こうかとか、〝箱〟の中でもできることっていっぱいあったんよ。それはおもしろかった。これがもし、自由な学校があって、何でもできるところだったら、あんまり頭働かせんかったかもしれん。人間て、なんかやっかいやね。制約だらけで、やっちゃあいけんことばっかりだと、どうやったらこの中で楽しいこと、おもしろいことを見つけようかと考える。人間てギリギリのところで知恵が浮かぶやん。

❇気になるのは「死にたい」と思ってる子どもたちがいること

■**上野**　でもやっぱり、制約の中で子どもはしんどいんだと思うんですよ。生きることそのものが。家庭に問題がある子も、そうでない子も。それは教育をめぐる状況が昔と変わったせいなのか、昔から子どもというのはしんどいのか、どちらかはわからないのですが、いずれにせよ、そのしんどい子どもに向かって、教師も親も「がんばれ、がんばれ」と言う。それに対し、山田さんの授業というのは、「がんばらないでもいいんだよ」と、ふっとはずすような空気にさせてくれる。

僕が、ある小学校で見せてもらった山田さんの授業で印象的だったのは、授業の冒頭、子どもたちが全員で山田さんに歌をプレゼントしてくれた。それを聴いて、山田さんは「ありがとう、きみたちの声はいいねえ」と言って涙ぐんでいる。子どもたちは、「あ、僕らの歌を聴いて泣いている。あんなに喜んでくれてる」、その時点でもう教室の空気が変わる。そして、それからいろんな話に入っていくんですが、さらに教室の空気が変わっていくのがわかるんです。

■**山田**　別に計算してやってるわけじゃないのでわからないんだけど、私が授業に行って驚くのは、最後に感想を書いてもらうでしょ。すると必ず「死のうと思っていました」「死にたいと思っていました」という中学生がいることなの。そういうのを見ると、いい高校、いい大学に入るためとか、学校のランクをあげようとか、そういう方向に学校が走っていると、子どもは正直だから、なんでそう思うのか理由はわからないけれど、もういいわと思ってしまう。きっかけは、妹とケンカしたからとか書いてるんだけど、本当はそうじゃないと思う。なんか息苦しい、生きていてもしようがない、もういいやと思ってしまう。

人生で一番つらい時って、私、思うんだけど、中学・高校じゃない？「そのあとはラクよー！大人になったらすごくラク！　私の友達なんか、給料もなんにもなくても適当に生きてる人が何人もいるんだから。今が人生一番つらい時なんだから、それが過ぎるまで、学校行っても行かんでも、それは自分で決めていいんだけど、とにかく死なないことが大事！　それだけ覚えといて」って。そう言うと「ハアーッ」という顔をするんだけど、子どもたちはこの大変なのがずーっと続くと思ってるところがあるんよね。

■上野　確かに、このつらいのが一生続くと思ったらやっていけないですよね。

■山田　でも子どもって、おもしろいんよね。子どもが何でおもしろいかというと、みんなおもしろいものを持っているから。大人はそれをちょっと引き出す手伝いをするだけ。その引き出す手伝いというのは、その子の持っているいいところを見つければいいだけ。悪いところは見なくていい。いいところは必ず一個は持っちょるからね。前の学校にいた時、勉強が苦手で、いじめられて転校を繰り返し、うちの学校に来た子がいたんよ。その子が作文を書いて、「見て！」と言って持ってきた。私、それを見た時、感動したね。最初から最後まで耕耘機の話よ！

《日曜日、僕はおじいちゃんのとこへ行きました。耕耘機に乗ったらダダダダダーという音がします。……僕は耕耘機が大好きです》

ずーっと耕耘機の話ばっかり！　それも原稿用紙二枚も。普通、耕耘機の話で二枚も書けないよね。で、私「あんた、絶対すごいよ！」って。そういうすごいところが一個あれば、こっちは尊敬するわけ。「子どもさん、すげえ！」（笑）。そういうふうに、みんな違うものを持っていて、それがみんな私にないものなのよ。ないものを持ってる人って、尊敬の対象だよね。

で、子どもって、「あんた、ここがすげえ」とか言うと喜ぶじゃない。それはおせじじゃない。本当にそう思うから。二〇人の子どものいいとこ、みんな言えって言われたら、全部言えるもん。だって、一日八時間くらいいっしょにいる。家族よりずっと長い。家族は家に帰ってご飯食べて寝るだけ、寝る時間を引いたらちょっとしかいっしょにいない。ところが子どもたちとは、朝八時から夕方六時までいっしょ。いいとこ見る機会はいっぱいある。そのいいとこを見つけて、「あんた、こう、こうよ」って言ったら、とりあえず仲良くなれるよね。

それと、もう一つ思うのは、私、できないことが多かったから助けてもらえたと思う。私がいろんなことができる先生だったら、子どもたちが持っているものを引き出す手伝いはあまりできなかったかもしれない。でも病気になったことで、左手は使えない、すぐ疲れる、集中力は続かない、書こうと思っても吐き気がする。いろんなことができなくなって、でもできなくなればなるほど、子どもたちが助けてくれた。要するに障がい者なんやね。障がいを持っている人が学校にいることによって、子どもたちがこの人、何とかしてやらないと危なっかしいし、見ておれん、そう思って保健室に手伝いに来てくれたんだと思う。

授業だって、私が何でも器用にこなせる人でないとわかった子どもたちが授業をおもしろくしようと手伝ってくれたもんね。司くんとか、大ちゃんなんか、「山ちゃん、次の授業、どうするん?」「う〜ん、ちょっとあんたのクラスは勇気がいるんやけどな……」「わかった、山ちゃん、じゃあ、とりあえず僕が意見言うから」。そういうふうに〝サクラ〟になってくれたり(笑)。

❇障がいを持った子の存在がみんなを楽にしていた

■**上野**　はじめて聞きました! 今言われたこと、すごく大事だなあ。「弱い立場の人は幸せを知る」というような言い方があるけど、それと同じような意味で「弱い人は健康で、強い人はとっても不健康だ」という見方があります。全員とは言わないけれど、弱い立場に立たされた経験のある方々って、心がすごく豊かなところがあるじゃないですか。だけど世の中はすごく強者の社会で、競争は激しいし、みんなできて当たり前、補い合い支え合うんではなくて、どちらかというと、みんな独立独歩、がっと動いて競争して切磋琢磨《せっさたくま》する。それが全部悪いというのではないんだけど、僕の場合も自分が弱い立場になって初めてわかったところがある。

特に新聞社は人生の強者の集まりですよね。頑健でお勉強はできる。しかもそこそこに個性も持っているし、アタマもきれるし、世の中、今何が起きているか、何が問題になっているかも知っている。だけど、それだけで素晴らしい新聞になるかというと、必ずしもそうではない。

僕ががんになって思ったのは、若くしてこういうものを突きつけられた人間が新聞社にいるってことは何だろうか、ということでした。メインストリートからかなりはずれてしまって、でも僕はそれもいいと思っているんですが——そういう人間に何が書けるのか、でもそういう人間がいることによって新聞が豊かになるといいなと思っている。学校の先生もいつも完全でなければならないというプレッシャーの中でやっていくんではなくて、「ちょっと抜けてていいんだよ」みたいなものがないと苦しくなる。親の対応バッチリ！　学力の基礎・基本バッチリ！　成績が上の子も下の子も満足させるような授業をし、通学路の安全もはかり、進路指導もぬかりなくやって……って、すべて一人でやりきるのは大変ですよね。

■山田　私が、学校が息苦しくなくていいなあと思った時っていつかなあって考えると、これは『「いのちの授業」をもう一度』にも書いたんだけど、障がいを持った子どもがいた時やね。

とにかく彼女はありとあらゆる問題を起こしてくれる。給食の時間はボロボロこぼして汚いし、言ってることは支離滅裂、暴れてはガラスを割る。保護者からは「中三になっても、あの子が同じクラスにいたら受験勉強できません」なんてクレームがくる。担任の先生は困っていたけど、でもそういう子がいることで、どうしたら日常生活がスムーズにいくか、みんなで考えるのね。とにかく想像を超えることが起こるんよ。

ものを壊すと、お父さんが「すいません、また何か壊したようで」って、直しに来るの。お母さんが「気の毒だから、養護学校に行った方がいいんじゃないですか」って保健室に相談に見えたこともあるけど、私は「ひとみちゃんがいなくなると、おもしろくなくなるけえ、そんなこと言わんでください。彼女がいるから、みんな何だかだ言いながら知恵を出してやってるんですから」って。子どもたちは「バーカ」とかののしり合ったりもするんだけど、今考えると、彼女がいた二年間って、陰湿なイジメというのはなかったよ。

とにかく自分の思うように生きてる。私なんか、病気になってはじめて、もう残された時間はないんだから、人がどう思おうと、自分がやりたいことをやろうと思うようになったのに、彼女は病気にもならんのに好きなようにやって、人に迷惑かけて、それでも幸せそうな顔して生きている（笑）。あれでやっていけるというのを見たら、（他の子が）自殺なんかしないと思うよ。あの天真爛漫な存在が他の子をラクにしていたと思う。だって競争から降りているんだもん。競争したい子はもちろん競争していい。でも競争に向いてない子がいるのに、学校ってがんばらせるやん。

❇ちょっとした工夫で学校の空気が変わる

■**上野**　すごく不思議なんですが、世の中というのは少しずつ進化してるはずですよね。学校だって、時が経つにつれてスキルアップしてるはず。しかし学校や教育がどんどん良くなっているという実感を持っている人はあんまりいない。それはどうしてでしょう。

■**山田**　その直接の答えにはならないんだけど、おもしろかったのは、日出生台《ひじゅうだい》で米軍の演習に反対している渡辺ひろ子さんというおばさんが話しに来てくれた時、一人の子が手を挙げてこう言ったの。

「僕もおばさんたちがやっているような座り込みに行ってみたいです。反対するということは基地の前で座り込むということ、僕はそれに行きたいです」

そしたら、ひろ子さんが、

「あのね、私はそういうことを話したんではないの。座り込みはあなたが社会に出て、自分でお金を稼いで自分で生活できるようになった時、やりたいと思ったらやればいいの。そうじゃなくて、問題は自分の身近にあるおかしなことにまず気づくことね。例えばだけど、まだ暑いのに、何で一○月一日からみんな一斉に冬服着ているの？　何で一一月ではダメなの？　ある日突然、冬服に替わったり、夏服に替わったり、それをヘンと思わないの？　問題はあなたたちの毎日の学校生活やね」

　そう言っちゃったのよ。聞いてる先生たちはあれーっていう顔をしたんだけど、でも先生たちが偉いと思ったのは、いよいよその衣替えの季節がきた時、ある若い女の先生がこう言ったのね。「子どもたちがそろそろ暑いと言っておりますので、衣替えの日にちは六月一日ですが、前後一カ月は気温の差がありますので、どちらでもいいということにしたらどうでしょう」って。

　あの時のひろ子さんの言葉がひっかかっていたのね。で、そうしましょう、そうしましょうということになって、その後、それが当たり前になった。その時、学校の中にあるちょっとしたことを大人もいっしょに気が付いて変えていくっていうのは、学校の中で息がしやすくなることなんだなって思ったね。そういう意味で、ひろ子さんの発言は宝物だと思った。

「あんたたちみたいに基地のそばに住んでない人には騒音の話をしてもわからんやろうから、どんな騒音かカセットに取ってきた」と言って、その音を流して、「毎日こんな音の下で生活してるんだ」って。でも「基地のそばに住んでないあなたたちの前にもおかしなことはいっぱいあるはず。それに気づくかどうかや。毎日ぼーっとして暮らすな」みたいな話をしてくれたんよ。
■**上野**　子どもには刺激になったでしょう。
■**山田**　あと、小さなことでもちょっと変えるだけで違うんだなと思ったのは、ある年、転勤してきた体育の先生がこう言ったの。

「この学校はあちこち物が壊れますねえ。体育館ですが、何でいつも閉めているんですか。体育の授業以外、どうして開けないいんですか?」って。

「いやあ。休み時間、全部開放すると管理できないでしょ。遊んだボールは出しっぱなし、ガラスや壁が壊れてもそのままでは困ります」

そしたらその体育の先生、

「じゃ、僕、とりあえず昼休みは毎日いますから、体育館は開けといてください」

そうしたら子どもたち喜んでね。バスケットはできるし、思い切り走り回っていくらでも発散できる。で、子どもの表情がすごく良くなった。でもそれも時間が経つうちに、道具を片づけないで帰ったりするんで体育館が散らかる。そこで、生徒会に考えてもらう。「じゃ、時間と曜日を決めよう」と、子どもたちからルールが出される。そんなふうに、その体育の先生がいる数年間は体育館を開放したんだけど、次の先生が来た時、「この学校はいつも体育館が開いているんですか」、それでまた元に戻ってしまった。

でも、たったこれだけのことでも何か違うのね。あと、自転車通学は何キロまでと決めてあるんよ。それを、転勤してきた先生が、「何でこの学校はこんな決まりがあるんですか。距離なんか決めないでいいんじゃないですか」って言うんで、「そうですね」ということになって、距離を取っ払ったら、子どもたちは適当に乗って来たり乗って来なかったり、別にそういう縛りは必要なかったんだってことがわかったわね。

❇先生が疲れすぎていると、子どもは病気になる

■山田　規則に限らず、教育って、ちょっとした工夫をすることでおもしろいことができるやん。例えば授業だって、黒板一枚を海に見立てるとか、山に見立てるとか、フランスに行った時、黒板が急に五線譜になってビックリしたんだけど、それを見て、ああ、この先生は相当面白がってやってるなと思ったの。そういうものが、今の学校の先生たちに少ないんよ。仮にそういうものを持っていたとしても、今の学校の忙しいサイクルの中で削がれてしまう。

私、これから真剣に教育改革とかを考える人がいたら、「学校の先生は夏休みと冬休み、一日も学校に行っては行けません。行く人は罰金を払ってください」そういう法律を作ってほしい。それだけでも違うと思うの。大人があんなに忙しくて、あんなに疲れて、あんなにいつも何かしていたら、周りにいる子どもが病気になる。学校の先生はせめて夏休みと冬休み、学校の先生でないことを体験する、または何をしなくてもいい、それだけでも違うと思うの。危ないんよ、あれだけ自分たちがうつ病になって、子どもたちがあれだけ抗うつ剤飲んでて。飲んでる子、いっぱいいるんよ。中学生、高校生が何人も精神科に行ってるんだから。

それも飲んでいる薬が強いから、学校でふら〜っとして眠たいとか、集中できないとか、そこま

でがんばらなくていいと思うんだけど、実態はもうそこまできている。昔はお腹が痛いとか、頭が痛いとか、気持ち悪いという訴えだったけど、今は全然違う。死にたいという子がいる。事態はそこまできているんだから、そばにいる大人をもっとゆっくりさせてあげないと。休ませることですべてが解決するわけではないと思うけど、少なくとも今より悪くならないと思うよ。

3 がんが治らないとわかった今

✻当たり前にできることが一つずつできなくなっていく

■上野 ところで、今現在の山田さんの体調はどうなんですか？

■山田 今の体調は、五月三日に胸壁《きょうへき》リンパに転移していることがわかり、その時、腫瘍《しゅよう》は一個だけだったのが、今は右の腋下から胸にかけて手で触るとわかる腫瘍が幾つかできていて、腫瘍マーカーの数値が上がっていて、抗がん剤を飲んでいるという状態です。痛みがあるのがしんどいので、今痛み止めを使って、ほぼ日常生活ができる状態を維持しているというところかな。だんだん悪くなっています。

■上野 リンパの腫瘍というのはどんな感じなんですか？

■山田　右肩から腕、胸にかけてパンパンに腫《は》れ上がっている。そこが熱をもっていて、痛みがあって重たくてだるくて、自分の右腕なんだけど、何とも言えないつらさ、肩から腕にかけて鉄かなんかを背負ってるような感じ。パソコンも右手で打てなくて、左手でやってるんだけど、無理したら後でものすごい痛みがくるから、口でしゃべるから、「打ってくれない」って娘に頼んでる。

■上野　最初の告知が二〇〇〇年だというから、がんとの付き合いももうずいぶん長くなっていますよね。八年でしょ？

■山田　九年目に入りました。二月一七日に最初の手術を受けたから、ちょうど九年前、そう！九年前の今日手術だったんだわ。

■上野　九年経って今の気持ちって、これまでとまた違うでしょうね。

■山田　うん、全然違う。治るかもしれないと思って、希望を持って行こうと思っていた時、治った人の姿を見て自分もそうありたいなと思っていた時、もう治らないということがハッキリわかってどう生きて行けばいいのか、それも他人の話でなく、自分のこととして受け入れていかなくてはならない、それはものすごくエネルギーがいることやね。五月に二回目の再発と言われた時、聞いたの。「もう治らないんですね」、主治医ははっきりと「治りません」って。それから一〇カ月経ったんだけど、毎月検査があって、そのたびに悪くなっているということを数値とか、身体に出てくる症状で確認させられるんよね。

■上野　告知っていうのが一回ではないんですよね。がんのことを知らない時は、何か大きな山場がドーンときて、あとは粛々とみたいに思ってたんだけど、全然違う。

■山田　そうそう、ある意味、診察のたびに告知、毎月告知があるという……CT撮って、検査するでしょ。その日はもう何もする気力がない。ただいまって帰って、こたつで寝て、もういいやって。一日中、CTの映像が頭から離れない。だからそのたびにドーンと落ち込んで。

でも人間て不思議やね。そんなに落ち込んでも次の日起きたら、「今日は天気やし、部屋の片づけでもしとこうか」って。でもまた一カ月後に検査があって、また落ち込んで、というその繰り返し。それと、痛みが出てくると、それまでと違って恐怖感ちゅうのがあるねえ。あ、きたきたきた……この痛みをやり過ごすにはどうしたらいいかなとか。乳がんが進んだ仲間たちがみんなそうだったように、一つひとつあきらめながら、今できることを考えながら生きていくしかないのかなあという感じやね。

■上野　最近あきらめたことはなんですか？

■山田　会いたい人に会いに行くことをやめた。それはもうできないということがわかったから。無理して行ったら、後でものすごくしんどくなるから。

■上野　今、一番の願いは何ですか？

■山田　痛みがなくて一日過ごせたらいいなあというのと、あと、薬の副作用で吐き気があるんだけど、吐き気がきつくて食べられないということがあるんなら、ちょっと痛みがあってもご飯が食べられる方がいいな。それと、ふつうの人が当たり前にできることが当たり前にできたらいい、今はそれが一番の願いかな。

✻がん友達から届くメッセージ

■上野　乳がん患者の会を作ったことで、これまでたくさんの患者さんを見てきましたよね。いま山田さんが言ったことは、まさに植田さん（67頁～）が言った言葉に近いでしょ。歩けなくなったり、ご飯が食べられなくなったり、当たり前のことが一つずつできなくなることだって。

■山田　そうねえ、言葉が身体でわかるというか、ああ、植田さんがあの時、言ったのはこういうことだったのかと。植田さんが子どもたちの前でしゃべったのは、「私は今、こうやって死んでいくけど、長く生きて身体が動かなくなって家族に介護してもらう人生より、今なら家族にあまり負担をかけないで旅立っていける。それはそれでいい人生ではないか」って。そういうふうに、最悪の条件の中で、これはというものを見つけて自分を納得させる？　そういうものの考え方をしていかないとやっていけない。

でも植田さんだって、多分最初はそうじゃなかったと思うの。娘さんに聞いたら、脳に転移しているとわかった時、相当家で泣いてたらしいから。そうやって泣いて落ち込んで、つらくて孤独になっても、でもまた明日が来るじゃない。そしたら考え方を変えるしかない。それができたから、あの人は最期に、子どもたちの前で話をしようと思えたんじゃないかな。上野さんは、そんな感じを抱いた時期ってなかった？

■上野　そういう時が来るかなと覚悟はしたんですが、僕はそこまで行く前に何とかなったんですよ。ただ僕は、治療の途中で肺水腫と敗血症になって、多臓器不全みたいになって死にかけた。抗がん剤が効かないと告げられたこともあった。で、二六歳で死ぬかもと思った時、まあ、これで楽になれるんならいいかも知れない。思い起こせば、つらく裏切られた人生なんかでなく、いい仲間と楽しく過ごし、家族にも恵まれたし。ごめんなさい、先に逝《い》っちゃうけど、ありがとう！くらいの感じで、二六歳だからかわいそうかというと、そうでもないなと、ふっとそんなふうに思ったことはありますね。治療が猛烈につらかったから。

僕は、死が怖い理由の一つとして、死んでいくプロセスの中で、痛みや苦しさがあるということと、あと精神的にどんどん追いつめられていく、それが怖いなあと思ったんです。

■山田　末期の乳がん患者で、私にいつもメールをくれるTさんという友人がいて、彼女もモルヒネを使いながら在宅しているんだけど、体調が悪い日はぼーっとしたり、イライラしたり、抑うつ状態になったり、でもそんな状態でも、彼女には人のことを心配してあげられる自分でありたいという思いが常にあるのね。

「私たちのように悲しい思いをする前にみんなに気づいてほしい。あなたがそれを伝えて！　あなたはまだ歩けるんだから。私はもう歩けない」って。

彼女は二六歳で乳がんになって一〇年、今三六歳で子どももまだ小さい。肺と心膜に水がたまって、水を抜くのも最初は二週間に一回、それが週一回になって、今は一週間ももたない。それも何度も針を刺すので固くて通らなくて、違うところに刺したら出血して救急車で運ばれたというくらいかなり悪い。でも彼女は、「新しい薬ができるまで待ちましょう」といつも書いてくる。かなわないと思っていてもかなうかも知れないと思ったり、いやもうかなわないんだから、せめて自分の大切な姉妹とか娘が乳がんになった時、間に合いますようにと思ったり、そんなふうに揺れているのね。

■**上野**　同じような揺れは山田さんにも？

■**山田**　しょっちゅうよ。テレビとか見るのは嫌！　みんな元気な人やん。テレビは雑音にしか聞こえない。お笑い番組とかも、こんなことやって笑っているなんていいよねって。

特に夜がよくないね。不安だし、怖いし。夜、寝る時、今から寝るけど、夜中に痛みませんように、朝起きたら今日一日痛くないように。それだけ痛くないということはすごいことなんだということがよ～くわかった。パソコンしたいと思ってもイタタタ、どこか行くにも歩くと痛い。痛みというのは恐怖に変わる。がんの痛みというのは、針が身体の中に入っていて、突き破るような痛み、特別な痛みなんやね。

でもそれでもTさんは言うんよ。「人間ってそう簡単に死ねないよ」って。「山田さんはまだたくさん仕事を残している。私もまだあきらめていません。ただ逝く時がきたら、みんなの病気をもって旅立ちたいと思います」って。彼女は年は私より若いけど、先輩よね。

❇水曜日の保健室と頼もしい助っ人たち

■上野　たしかに、人間ってそう簡単に死ねない。そして今、山田さんは痛みに苦しんでいるけど、それで何もしないで抑うつ状態で過ごしているかというと、そうじゃない。
■山田　そうね、今水曜日の保健室というのをやってるんだけど、これも始めたのは成り行きで、転移してるということは、いずれ家から出られなくなる時がくるだろう。そしたら自分がどこかに出かけて伝えるということはできなくなる。それなら家にいてできることを一つしておこうかと。
で、水曜の午後三時から五時まで、この時間ならいいよって、一人二人の子どもに伝えたら、それが今も続いていて、最近は知らない子が親に連れられて来たりするの。だけど、私の身体がきつくて、なかなかじっくり話を聞いてあげることができない。それで今、卒業生たちが春休みなんで、メールして「みいちゃん、今どこ?」って聞いたら、「汽車の中!」「来てくれない?」「わかった!」。すっとんで来てくれて、「どうしたんですか?」「今日、子どもさんが一人やって来るんだけど、話聞いてやってくれない」「いいっすよ」「ついでに、夜ご飯もつくってくれない?」「わかりました。何でも言ってください」……何でも頼むと何でもやってくれる。

それで、やって来たのは中一の女の子だったんだけど、一九歳が一三歳の子の話を聞くというのが結構良くってね。だって、ついこの間まで自分が中学生だったんだもん。「私もねえ、ちょうど中一の時、ひとりぼっちになったことあったんよ」「私が……」という話が一番いいよね。しかもその一人ぼっちになったことのある人が、今は結構自分のやりたいことを見つけて生き生きやっている。それを見てて、「ああ、これもいいやん」って。

今週の水曜も卒業生が四、五人来てくれることになってるんだけど、でもみんな私の話を聞こうとか思ってないのよ。しんどいから、「お茶碗洗っておいてくれる」「夕ご飯もつくっといてくれる?」「ハイ」と言って助けてくれる。そういう頼もしい人たちが周りにいっぱいおるわ!

❇何も言わなくてもわかる患者会の仲間たち

■**上野**　その助けてくれるという人の中に、患者会がありますよね。山田さんが立ち上げたオードリーの会、でもやっぱり患者さんて、比較する時があるじゃないですか。「あなたは五〇代でしょ、私は三〇代よ」とか、「あなたはまだ再発じゃないんだから」とか。そんなふうに思うのは人間の感情として当たり前だと思うんだけど、そういうのを乗り越えて、同じ乳がん患者として励まし合ってこられたというのはすごいですね。

■山田　ぜーんぶ必要なものだったからね。そういうものがすでにあれば入っていたけど、なかったから。そもそもは、手術が終わって半年以内の患者たち六、七人を集めて病院がグループセラピーを始めてたんよ。お医者さんはボランティアということで、「それに応募する人？」と言われたので「ハイ！」って手を挙げて。ところが六カ月過ぎると、また違う人たちが来て、私たちには場がなくなった。「じゃ、自分たちでつくろうか」と思ったら、いろんなお医者さんが手助けしてくれて。

■上野　がんになった人でしかわからない思いがありますからね。僕の場合も、同じがんの人からメールがきて、会ったこともない人の何てことない言葉にビックリするほど励まされた。その人がひょっこりお見舞いに来てくれた時は本当にうれしかったなあ。

■山田　そうそう、友達にできる役割と患者会の友達にできる役割って違うんよね。家族ができる役割とも違う。それを誰か一人に求めるとうまくいかなくなる。例えば、それを家族に全部求めたら家族はしんどいやろ。友達に求めるといっても、元気な友達は気をつかうやん。日頃、仲良ければ良いほど、どうしてあげたらいいのかと気をつかうしね。でも、患者会が側にあったということは、何も言わなくてもわかる、会えたら「ああ、生きてるんだ」と、それだけでいい。最初はわかんないから勉強会ばかりしてたんだけど、でも月一回会って、あの人も元気だ、この人も元気にやって来たというだけでみんな満足するの。

✻大人になればラク、今は死ぬな！

■上野　これは仮の話ですが、今もし山田さんが学校に戻って、教壇に立つとしたら、どんなことをするでしょうね。

■山田　どうするやろね……。子どもたちをもっと学校の外に連れて行くかな……。

■上野　ゲストとして植田さんを学校に招き、子どもたちにメッセージを贈ってもらったように、今もし山田さんがゲストとして子どもたちに伝えるとしたら、それはどんなことでしょうね。

■山田　そうねえ、一番気になるのは、中学生や高校生で死にたいと思っている子があちこちにいるってことね。その子たちには、「今はきついかもしれないけど、今は死ぬな。大人になればラク、いろんな生き方ができるんだから」ってことかな。がんの治療だって大変だけど、あとラクになれると思ったらがんばれるやん。がんばれるというか、そこで踏みとどまれる。それと同じで、今は死ぬな。学校なんてせいぜい中学、高校まででしょ。一八歳になったら学校なんか行かんでいいんだし、そしたら自由になれるやん。今死ぬのだけはもったいないよ。

私が「いのちの授業」で連れて来た大人はみんな楽しそうにしていた。たいていの人は貧乏だったけど、友達と助け合いながら夢をもって、自分のやりたいことをやって生きていた。そういう人たちが大人の中にはいっぱいいるんだよ、というのを感じてとってくれたらと思って来てもらった。

それが私流の「いのちの授業」だったかな。

それと、一貫してあるのは、誰もが死ぬんだということ。時間というのはとても限られたもので、人生というのはあっという間に終わるんやな、というのが実感としてある。だから、想像力を働かせて、今起きていることが、もし自分だったら、と考えてほしい。

退職して一年、いくつかの学校に行ったけど、そこではいつも一回きりの授業、二回は来れんやろ、これが最後やと思って、腹を決めて行った。時間はたった一時間くらいやけど、本気でやったんよ。これっきりや、これっきりだから、もしこれが自分だったらと思って、いっしょに考えてほしいって。そうすると、子どもたちはその世界にすっと入ってきてくれて、涙ボロボロ流しながら、自分のおじいちゃんが亡くなった時のこととか、ペットが亡くなった時のことを思い出して涙流してくれる。で、その時どんな気持ちだったか話してほしいと言ってもしゃべれないから、じゃ、紙に書いてって。で、みんな一斉に書くの。本気で大人が語れば、子どもは本気で考えてくれるということを最後に実感できたから、私、幸せやったね。

❇子どもたちとは、いつも真剣勝負のつもりだった

■山田　私はもともと人に教えたいと思って学校に入ったんじゃない、子どもたちと話したいというのが願いだったんだけど、私が教師という仕事に近いことをしてきたとしたら、ずっと本気でやっ

てきたということ。特に病気になってからは、いつもどこかで「時間がない」と思ってた。で、時計を見るのがくせなんや。それはその日が終わるというより、あとどれくらい残された時間があるやろうって。それは植田さんと別れてからいつも思い続けていたことで、だから子どもの前に立った時、今日でお別れかもしれん、次の検診に引っかかったら、そこで学校を休むことになるかもしれん、来年の今は学校にいないかもしれん、そういう緊張感がずっとあった。だから、子どもたちとは、いつも真剣勝負のつもりだった。

そして本気で語れば、本気で子どもたちは考えてくれる、それは繰り返し繰り返し実感できた。今できる最高のことを、今できる最高の教材で授業したい、私と担任の財前先生と子どもたちでつくった授業が、他の授業と少しでも違うところがあるとしたら、その真剣さというか、十ある力を十出そうと、そんな願いがいつも心の中にあったし、当時はまだそれができる体力が残っていたからね。

二八年間振り返ってみて、私、子どもは信じられるというのは本当に心の底からそう思える。子どもは信じられるということをずっと信じてやってこれたんで、これで良かったかなって。良くやったねって、自分に拍手していいかなって。

全国には子どもがわからないとか、子どもが信じられないと苦しい思いをしている先生たちがいると思うけど、子どもを変えようと思わないで、自分が本気で生きてみてください。

これは、秋田に住む思想家のむのたけじさんが手紙に書いてくれたことなんだけど、Cという結果が出る時はAとBの原因がある。何も原因がないところにCはない。つまり子どもが何か起こす時には必ず原因がある。原因があるとわかって付き合うのと、わからないで付き合うのは違う。どうしてこんなことをするのかという話をゆっくり時間をかけて聞く。それだけでだいぶわかることがある。それも本当のことはわからないと思って聞くって。

実際、本当のことは本人にもわからないよね。でもわかる範囲のことは聞かせてほしいと。そういう謙虚さというのが教師には必要と思うんや。

子どもというのは、子ども時代を生きている人間、大人は大人時代を生きている人間で、対等な人間なんよ。特に私が会ったのは中学生だから、あの人たちは子どもではないんやね。そういう人たちと対等につき合う姿勢があるかどうか。何か教えようと思うと、見失うじゃない。子どもほど感性豊かな人はいないから。その人たちを自分の先生だと思ってほしい。狭い学校の中だけど、宝物は目の前にいっぱいあるのに、見落としたらもったいないよって。最後にそんなメッセージを届けられたらと思います。

❇せめて学校だけは「人は信じられる」ということを伝えてほしい

■上野　そうすると結局、先生たち自身の生き方の真剣さ、子どもとの向き合い方、信じ方の真剣さに尽きるということになるんでしょうか。

■山田　私、現場に長くいたから、良心的な先生たちがどんなに苦しんでいるかとか、どんなに疲れて、どんな大変な状況の中で仕事をしているかというのはよくわかっている。みんな本当によくやっているの。でもね、何のためにそれをしているのかということを、時どき立ち止まって考えないとおかしくなる。学校って、とっても危ないところ、その犠牲になるのは子どもなんや。子どもを犠牲にしてしまうということは一番恐ろしいことと思わん？　これから大人になって行くわけだから、その人たちが人を信じられないというような環境をつくってしまうとしたら。

せめて学校だけは「人は信じられるんや」ということを伝えてほしいんよ。社会に出て、人に裏切られて、どんなに惨めな人生であっても、子どもの時、友達は信じられる、信じられる大人がいたという思い出があれば、やり直しがきくと思うの。

■上野　なるほどなあ。それにしても、さっき山田さん、「よくやったね」ってご自分で言ったけど、そこまでできてやめていける教師って、そうたくさんはいないかもしれない。人間には果たすべき役割というのがあって、それを果たしたというか……山田さんのところにきたがんって、そういうことなのかなあ……。

実は、僕も「がんと向き合って」という連載を書いた時は社内からかなり反対があったんですよ。書いたのは二九歳の時だったんですが、まだ二〇代の若造が紙面を自分の話で仕切るなんて何なんだとか、公器としての新聞で病気の話を何十回もやるなんて信じられないとか、上野は〝がんの記者〟というイメージで終わっちゃうぞとか。

で、僕自身も最初の再発の時までは書けなかったんですよ。いざ書こうとすると、誤解されるんじゃないかとか、何か変なことを言われるんじゃないかといったことが気になって。しかし二回目の再発を聞いた時に、ああ、これはもうダメかもしれない、死んでしまうんだったらどんな批判を受けても、自分は墓の下なんだから、自分がしたいと思うことをやればいい。こんなに再発を繰り返して、毎年のように抗がん剤でスキンヘッドになって、体重が何キロも落ちて、苦しい思いをして、今度もまたそうなるんだったら、もう誰に何を言われてもいい。体験が一番大きな説得力をもって伝わるはずだから、まずそれを書けばいいじゃないかって。新聞って、どこかに優しさや弱さを包む要素があってほしいと思っていたのに、

対談を終えて。ピアノに向かう著者と上野さん。

当時はあまりないなあと感じていたから……。

で、尊敬している先輩記者の氏岡真弓さんに「失敗するなら大きく失敗した方がいい、それくらいのつもりで書けば絶対大丈夫」と背中を押され、もう一人最高齢の友人の飯田進さんには「オレは読みたい！」と言われて、じゃ、この人たちに向かってまずは書くかと思って、踏み切ったんです。

結果的に誰が支えてくれたかというと、山田さんの場合は子どもだと思うし、僕の場合は読者でしたね。連載二回目からすごい反響で、千五百通もの手紙が届いた。やっぱり同じ思いをしている人がいっぱいいたわけです。がんの人だけじゃなくて、大切な人を亡くして苦しんでいる人もいれば、自殺願望の人もいる。がんという狭い枠の話で読むんじゃなくて、生きるって、死ぬって何なんだろう、人が生きるってつらいけれど、どうしてこんなに一生懸命生きるんだろうと、テーマはそこだったですね。

■山田　私の「いのちの授業」もいつも順風満帆な中でやったんじゃない。もうダメ、もうやめようっていうような中で、最後、子どものことだけ考えてやろうと覚悟を決めた。もう何を言われてもいいやって。そうすると、不思議なことに必ず助けてくれる人が現れるんやね。それはすぐそばにいる仲間だったり保護者だったり。だから人間っていいもんだなって改めて思うね。

（二〇〇八年二月一六～一七日。湯布院・亀の井別荘、雪安居《せつあんご》にて）

◈2002年度「いのちの授業」１年間の取り組み

（この年度に取り組んだ「いのちの授業」は、総合的な学習の時間のほか、道徳、保健集会など多様な形で取り組まれた）

■「かけがえのないいのちを生きる」
（４月19日／教頭、養護教諭、担任）

■「ぼくが見た東ティモール〜いのちと平和の尊さ」
（５月２日／東ティモール国連選挙監視ボランティア・小野　久）

■「いまを生きる〜いのちの大切さについて考えよう」
（６月７日／ホスピス患者・植田妙子）

■「言葉の大切さについて考える」
（６月28日／大分放送アナウンサー・千綾奉文）

■「夢をかなえるために」
（７月11日／車いすマラソンランナー・廣道　純）

■「言葉の使い方について〜俳句作りを通して考える」
（７月18日／俳句の会「桂声」穴瀬信之）

■「宇佐航空隊掩体壕から見えるもの〜平和について考える」
（８月６日／松木邦夫）

■「写真の世界に学ぼう」（10目18日／写真家・石松建男）

■「自分らしく生きよう〜性同一性障害について考える」
（10月28日／作家・虎井まさ衛）

■「ホスピスからのメッセージ」（11月18日／徳永悦子）

■「夢をつかもう」（11月23日／元総理大臣・村山富市）

■「いのちの授業」（12月２日／放送作家・永六輔）

■「今若い人たちに伝えたいこと〜ＨＩＶ感染者として」
（12月３日／嶋　陽一）

■「右足の書道家・池上さんから学ぼう」
（１月23日／書道家・池上昇、荒金大琳）

■「薬物について知ろう」（２月12日／薬物防止キャラバン）

■「自分って何だろう。良いところ探しをしよう」
（２月21日／臨床心理カウンセラー・加藤真樹子）

◈「いのちの授業」 2002年度の取り組み

〔4月19日〕初めてのいのちの授業。教頭先生と山田養教の二人が、がんの告知と心の動揺、苦しみについて生徒に語った。

〔写真左〕教頭先生、〔上〕山田教諭。

〔6月7日〕ホスピス患者の稙田妙子さんに「命の大切さ」について話を聞く。死に向き合って生きる姿から学ぶ。

〔6月28日〕大分放送・千綾奉文アナウンサーの「言葉の大切さ」。言葉が人の心に与える影響の大きさについて考えた。

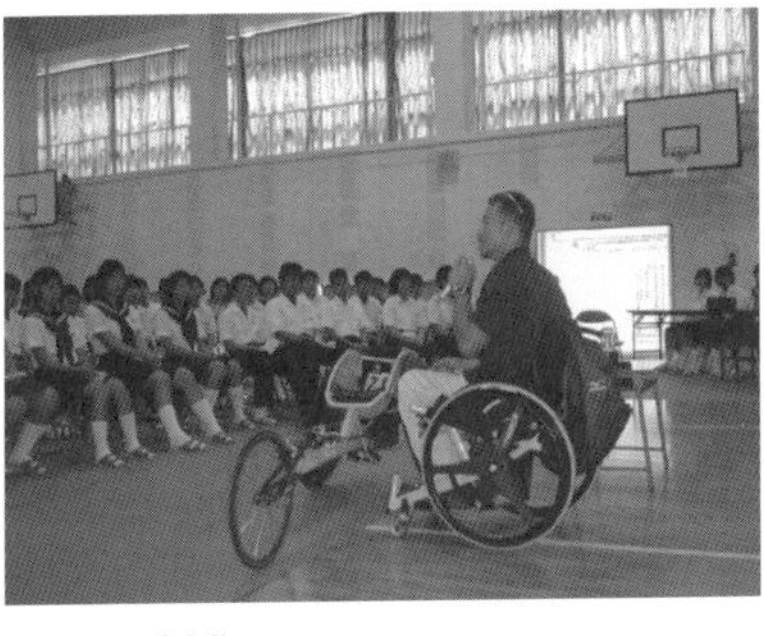

〔7月11日〕車いすマラソンの廣道純さんによる「夢をかなえるために」と題した講演。保護者の多数の参加もあった。

〔10月18日〕「写真の世界に学ぼう」と題して石松建男さんの講演。校内に暗室を作り、写真を現像する学習にわくわく。

〔10月28日〕性同一性障害に悩んだ虎井まさ衛さんに話を聞き、少数派であるがゆえの苦しみや悩みについて考えた。

〔11月18日〕稙田妙子さんの友人で、お連れあいをホスピスで看取った徳永悦子さんが来校、家族の思いと夫からの最後のメッセージを語った。

〔11月23日〕大分出身の村山富市元総理が「夢をつかもう」という演題で、巡り合わせのチャンスを自分のものにするために何が必要かを講演してくださった。

〔12月２日〕永六輔さんの「いのちの授業」。亡くなられたお連れあいの話や、脈々と受け継がれてきた命の話を笑いもまじえて語り、「だからいのちを粗末にしないで」と結んだ。

〔12月３日〕嶋陽一さんが「今、若い人に伝えたいこと」と題してエイズについて語り、「自分の問題として考えよう！」と呼びかけた。

〔１月23日〕右足の書道家・池上昇さんと、荒金大琳先生が来校。荒金先生の指導で「てん書」に挑戦（上）、12メートルの用紙に池上さんと全校生徒の作品が結集した。写真下は、両手が不自由な池上さんが右足でてん書の「群」を書いている。

〔２月12日〕久留米から薬物防止キャラバンカーが。薬物取締捜査官だった安部幹雄さんの説明を聞き、薬物は１回の使用でもだめなんだということがわかった。

〔２月21日〕臨床心理カウンセラーの加藤真樹子さんに「自分って何だろう。良いところ探しをしよう」の主題で自己理解と友達との話し方、聞くことの大切さを学習した。

◆2003年度「いのちの授業」1年間の取り組み

■「保戸島空襲を体験して～命と平和の尊さ」
（5月2日／伊東文子）

■「かけがえのないいのちを生きる」
（5月23日／教頭、養護教諭、担任）

■「正しく知ろう、性・からだ・心～生と性について語ろう」
（6月18日／村瀬幸浩）

■「ホスピスから見えるもの～今を生きる」
（6月20日／医師・藤富　豊）

■「『私』は大切な人ですか？～養護施設から見えるもの」
（7月11日／衛藤祐治）

■「たたかわない〈ちえ〉へいわな〈くらし〉」
（8月6日／湯布院「亀の井別荘」中谷健太郎）

■「あの日からこれまで　そして今から～パラリンピックへの挑戦」
（10月17日／近藤直樹）

■「ギターのおじさんは普通の人だった～部落差別について考えよう」
（11月4日／山末博俊）

■「ハンセン病と人権」（11月7日／弁護士・徳田靖之）

■「ようこそ阿部智子さん」
（11月12日／ハンセン病回復者・阿部智子）

■「考えよう未来の地球 ～水俣からのメッセージ」
（11月29日／柏木敏治ほか）

■「明日天気になぁれ～部落差別について考える」
（12月2日／宮崎　保）

■「地域の文化財と私」（1月23日／富貴寺住職・河野英信）

■「あなたが戦場に立たないために」
（2月9日／元アメリカ海兵隊員アレン・ネルソン）

■「人はそこにいるだけで価値がある」
（2月12日／助産師・内田美智子）

■「自分らしく表現しよう～書くことを通して」
（3月19日／漫画原作家・毛利甚八）

◈「いのちの授業」 2003年度の取り組み

〔５月２日〕保戸島空襲の被害者である伊東文子さんの話を聞いて、戦争の悲惨さを知り、平和憲法について話しあった。

〔５月23日〕「かけがえのないいのちを生きる」の授業。がん体験を語り「君はどう生きる？」と問いかける教頭先生。

〔６月18日〕「思春期の性・からだ・こころ」について、子どもたちの悩みや質問に答えながら村瀬幸浩さんが講演。

〔６月20日〕ホスピスの院長である藤富豊さんを招き、「人はどう死を迎えるのか」「人は生きたように死ぬ」と死を学ぶ学習。

〔７月11日〕児童養護施設の指導員衛藤祐治さんが「私は大切な人ですか？」と題して授業。体験学習を取り入れ、目を隠してペアで校内を回る子どもたち。

〔8月6日〕湯布院の中谷健太郎さんが「たたかわない〈ちえ〉平和な〈くらし〉」と題して、平和授業。

〔10月17日〕近藤直樹さんが事故で片足を失ってから水泳を始め、パラリンピックに出場するまでを語ってくれた。

〔11月7日〕ハンセン病国家賠償訴訟西日本弁護団長の徳田靖之さんを招き、ハンセン病と人権について学習を深めた。

〔11月12日〕菊池恵楓園から大分出身の阿部智子さんを招き、ハンセン病回復者の生の声を通して、差別や偏見について自分自身に問いかける授業をした。

〔11月29日〕水俣を歌う柏木敏治さん、水俣病患者語り部の永本賢治さん、もやい直しセンターの徳留さんを文化祭に招き、水俣からのメッセージを語っていただき交流。

〔12月２日〕宮崎保さんが歌とトークで、人権コンサート。部落差別について考える人権学習を深めた。

〔１月23日〕国宝富貴寺の住職・河野英信さんが地域の歴史を語り、文化財を守ることの大切さを語った。

〔２月12日〕助産師の内田美智子さんが、いのちが生まれる現場から、実感を込めて、命の尊さを語ってくれた。

〔２月９日〕元アメリカ海兵隊員のアレン・ネルソンさんが「あなたが戦場に立たないために」というテーマで、ベトナム戦争の体験を語り、子どもたちに大きな感動を与えた。

〔３月19日〕マンガ作家の毛利甚八さんが「自分らしく表現しよう～書くことを通して」のテーマで授業。全員が実際に作文を書いて、その場で添削してくれた。

【手記】

母のこと

山田　真美

私が小学校六年生だった頃、母は乳がんを宣告された。

母が医者から告知を受けた日の夕飯の食卓には、珍しく家族四人が家のリビングにそろった。

母は、がんであることを私と兄にゆっくり少し笑いながら話した。私は、母ががんだといった瞬間から「お母さんは死ぬんや」と思った。それでも、目の前にいる母はやつれてもいないし、痩せてもいない。むしろ太っていて、テレビで見るがん患者のイメージとは異なっていた。がんイコール死と印象づけられている深刻な病気に、母がかかっているとは信じられなかった。

母に聞いてみた。

「お母さんは死ぬの?」

「すぐには死なんよ」

母は手術を受け、生きて我が家に帰ってきてくれた。しかし二年前の秋、再発した。中学校の養護教諭である母は、闘病生活を送りながら再び復職をした。復職して間もない頃「今、学校でどんなことをしているの?」と尋ねたことがある。すると母は、「生徒たちと熊本の菊池恵楓園《けいふう》に行く準備をしよるんよ。人権学習じゃ。あんたも行く?」と相変わらず元気いっぱいに答えていた。

その頃の私は母が何をしようとしているのか知らなかったし、あまり興味もなかった。ただ、私が家に帰ると、駐車場にでっかい車が一台たまに二台と、それとセットで小さな車が一台とめてあり、「何これ?」と不思議に思うくらいだった。

私は母がどんな活動をしているのか知らないまま、高校を卒業し福岡で暮らし始めた。福岡での生活に慣れだした頃、母から手紙が届き、「体がきついので養護教諭を辞める。そしてこれからは人並みに家のことをやって残りの人生を家族のために働きたい」と書いてあった。

母は、昔から「学校はしんどい」と言って、保健室登校(?)気味だった。それに私は、小学六年生の頃から母が夜中に台所に立って洗面器を片手に持って吐いている姿を何度もみていた。その横にはいつも父が母の背中を左手で優しく何度もさすり、右手は母がもっている洗面器の反対側をもっていた。二人で洗面器をもち、時々父が「大丈夫かえ?」と小さな声でいっていたのをみてきたので、これからは父とゆっくり暮らせるだろうし、母の体は母が一番よくわかっているだろうと思い、「ゆっくり休んで長生きして下さい」と返事を書いた。

今年（07年）の三月、母は二十八年間勤めた学校現場を退職し、私は鹿児島の大学へ行くため、家を離れた。

鹿児島で、思わぬ出会いが訪れた。ゼミの種村エイ子先生が、たまたま母の知人だったことがきっかけで、私は毎日種村先生のゼミ室へ行くようになった。先生は毎日、カラカラ笑いながら「あなたのかーちゃん、また載ってたわよー」と言って、母の出ている新聞記事をコピーしてくれたり、テレビ放送された母のビデオをいくつも見せてくれた。そこで私は駐車場にとまっていたあのでかい車のことや、生徒と一緒に熊本へ行ったことの意味が、やっと理解できたのだった。

母は、私が幼かった頃から、家庭に問題をかかえている生徒の面倒をみたり、他の先生と喧嘩しながらその子を守ったり、障害をもっている人々のお手伝いにいったり、仲良くなりたいがために手話の勉強をしたり、とにかくエネルギッシュだった。その積み重ねた経験を生かして、最近は学校の生徒たちに自らのアイデアで「いのちの授業」を行っている。

自分が体験したがんの話をきっかけに、今を一生懸命生きている友人たちをゲストに招いて、死や病と向き合い、苦しさや辛さを引き受けた人の率直な言葉を何名もの生徒に届ける授業にチャレンジしていった。私が子どもの頃に見た駐車場のあのでかい車は、テレビや新聞の取材の車であり、生徒と一緒に行った熊本は、「いのちの授業」の一環だったんだなと今になって思う。

この頃、私は、「母はすごい」と思うようになった。

そんな矢先のことだった。今年の五月に、母のがんは、胸壁リンパに転移した。もう手術はできないときいた。私は、京都にいる兄に電話し、これからのことを話し合おうと思ったのだけれど、電話の最中ずっと泣いてしまった。兄が「おかんは俺らよりもずっと辛いと思うで。俺らがしっかりせんと」といっていたが、電話をきった後も涙が枯れるほど泣いた。

八年前、小学六年生だった私が感じた母の死という恐怖が、再び私を襲った。手術ができない、と聞いたとき、再発の知らせを受けたときよりもっと母が死に近い存在だと思った。

数日後、パソコンのメールを開いてみると、母から何通も画像つきのメールが届いていた。それは、父が家の畑にあるさくらんぼをとり、そのさくらんぼを母がおいしそうに食べている画像だった。

その夜、母に電話をした。久しぶりに聞く母の声は変わりなく元気だった。私は何をいっていいか分からず黙っていると、両方の目から涙がでてきた。手術できない、と聞いたときから、あまり長くは生きられないんだろうと思っていた。八年間、日常の会話にさりげなく出てくる母の「私が死んだら」という言葉。

「私が死んだら、このお茶碗はここにおいとくから忘れないように。私が死んだら、このビデオは……」

私のこの八年間は、人の死を受け入れることのできる心の準備期間だったと思う。母が三度リハーサルをし、毎日の生活にもやがてくる大切な人の死を違和感なく受け入れられるように取り入れてくれたのかもしれない。私は、この八年間、母の前で泣いたことはなかった。でも、この日は八年間分泣いた。

母は笑っていた。「まー休みになったら早く帰っておいで」と明るくいいながら。どっちが病人なのかわからないくらいだった。母が病気であることを感じさせない明るさがあるのは、乳がん患者会で、同じ病気で支えあっていた多くの友人の死を看取り、苦しみや痛さを知っていたからなのかもしれない。

八月に入り夏休みになったので、私は、不安と楽しみをかかえながら、実家に帰った。今年の夏休みは、母と兄と私の三人で、思い出旅行をしようということになり、二週間の海外旅行を計画した。荷物の準備もでき「さあ、フランスへ！」と思っていた出発日の前日、突然祖父が亡くなった。

二年前、くも膜下出血で倒れ、寝たきりになっていた祖父は、急に肺炎をおこし、あっという間に逝った。誰にでもやさしく、いつも笑顔で接してくれた祖父は、菓子職人として、せいいっぱい働き七十四歳の人生を閉じた。遺影の祖父は、元気だった頃の笑顔で、今にもおしゃべりがはじまりそうな顔をしていた。こんな大人になりたいなと、私が憧れていた大人のモデルの一人が祖父だった。

初七日を終え、私達はフランスへ旅立った。二週間の旅の間、どれだけの人に出会い、どれだけの人に助けていただいたかは、ここに書ききれないが、一生、心に残るすばらしい時間を過ごした。

母がよく言う言葉がある。

「人が死ぬということは、ご飯が食べられなくなり、水がのめなくなり、呼吸ができなくなることなのよ」

祖父は私の目の前で、日々弱っていき、亡くなった。人は、こうして死んでいくんだよと教えてくれたような気がする。幼い頃からかわいがってくれた祖父は、ずっと私の中で生き続けている。よく笑い、よくしゃべり、よく働いた祖父。一緒にすごした日々は宝物だ。

鹿児島に戻る二日前、私は初めて母の講演に同行した。テーマは、「いのちの授業をもう一度」

その日の母の服は上下おそろいのショッキングピンクのスーツだった。舞台に上がるなり、会場にどっと笑いの波を引き起こす。そして、息をつく暇もないほど、黒柳徹子さんのようによくしゃべる。その流暢な話しぶりに、次第に会場中の人々は引き込まれ、ハンカチ片手に涙を流していた。

母は友達が病気で亡くなるまでどう生きたか、一緒にいのちの授業をつくりあげた先生は、今どんな闘病生活を送っているのか、そして、その授業を受けた生徒は、今をどう生きているかを話していた。

私が、一番印象に残った母の言葉。

「人生で一番大切なものは、お金じゃないな。自分をさらけだせる友達がいるかってこと。あなたたち、今、そんな友達がいなくていいのよ。でも、人に優しくしていたらいつか巡り会うわよ」

母の親友が亡くなる直前に、お別れのために病院にかけつけた中学生に贈った言葉だ。その人は、亡くなる瀬戸際まで、これからを生きる若い人たちにメッセージを伝えた。その言葉を母も一緒に聞き、今度は母が会場にいる人々に伝えた。きっと母も同じ考えなんだと思った。

私は、大学生になってからとてもよくしてくれる先生によって、母が外でどんなに素敵な話や、行動をしているか知ることができた。母の話や行動は、本で学んだことだけでなく、たくさんの今を一生懸命生きている母の友達に出会ったことでうまれたのだと思った。母が残された時間を、がんと付き合いながらも一生懸命生きているのは、出会いが心の支えとなっているからだと思った。

鹿児島へ戻るため、駅に行く車の中できいてみた。

「さらけだせる友達は誰?」

「真ちゃん。一緒にいて一番自分らしくいられる。そういう人にたった一人でも巡り会えた人生はよかったなー」
意外な答えだった。
真ちゃんとは、私の父。今でもふたりは、真ちゃん、泉ちゃんと呼び合っている。

この六月に二十歳になったばかりの私の人生は後どれくらいあるかわからない。自分の「死」を考えるということは、「今をどう生きるのか?」を問われているような気がする。昨日の自分でない今日の自分。そして今日の自分から得たことを明日につなげ、一日一日変化しながら今を生きていたい。その変化はたくさんの人と出会いながら。そして、たった一人でもいい大切な友達と巡り会えたらいいと思う。

この夏、別れた祖父と、共に旅した母から学んだこと。それは、今を、一瞬一瞬を大切に生きること。自分を大切にして、私らしく生きていこうと思う。

★この手記は、二〇〇七年鹿児島国際大学第10回学生論文コンテストで「学長賞」を受賞したものです。
原題は「今を生きる」。

あとがき

「ア、イタタッ、いてえ〜！」っと、体をよじらせながら、上野創さんと対談した二週間後の三月四日、私は速やかにホスピスに入りました。主治医は「ちょっと先走りじゃない？」と言ったのですが、がんの疼痛《とうつう》って、すごいんだぜ。モルヒネなしでは生きていけないってばぁ。

大分ゆふみ病院という天国に近い（それくらい居心地が良い）ホスピスに入院して、モルヒネをゴクンゴクンと飲み、パンパンに張った右腕のリンパ浮腫《ふしゅ》のマッサージを受け、生き返りました。痛みさえとれれば、こっちのもん！

あきらめていた講演も、友達にワゴン車を出してもらい、高速ぶっとばしてホスピスから九州大学（福岡）まで行き、みごとに（！）こなしたのでした。乳がんの専門医が主催する講演会だったので、しんどかったらドタキャンしていいよと、万全の準備をしてくれた医師や、看護師、カウンセラーのみなさんのおかげです。

旅に出る桃太郎に、きびだんごを持たせるように、モルヒネジュースをぎゅっと手ににぎらせ、目をキラリ〜ンっと見つめ、「大丈夫。行ってらっしゃい」と見送ってくださった山岡先生、ありがとう。

せっかくホスピスに入ったのだから、「ホスピス日記」を書こう！と思っていたら、痛みがコントロールできたので、一〇日で退院。おためし入院は、あっという間に終わってしまった。お庭に小鳥がさえずり、木々の小道を散歩しながら、午後はラウンジでお茶と音楽♪　看護師もソーシャルワーカーも、「人はどこから来て、どこに行くの？」っていうあたしの質問に、ゆったりつき合ってくれる親切さ。「ホスピス良いとこ、一度はおいで〜♪」と唄いたくなるね。

今は退院して自宅にいるけれど、痛くなったらいつでも行ける場所があるって安心です。

そうそう、ホスピスでスカイプ（パソコンの画面を通して、世界中どこの国の人とでも話せる通話）をして遊んでいたら、パリのエリックマリアが、「お見舞いに行くよ」と、あったりまえの顔して言うので、「今より良くなることはないから、はやく来た方がいいよ」と言ったら、三日後にホントにやって来ました。はぁ〜〜〜〜？？？

エリックマリアは、えぐっちゃんと二人でやって来て、今回もいっぱいチェロを弾いてくれました。せっかくだからオードリーの会（おおいた乳がん患者の会）で弾いて〜♪　ホスピスでも弾いて〜♪　K中学校でも弾いて〜♪　養護施設でも弾いて〜♪　とあつかましく頼んでみたら、「ウイ」

とニッコリ。

ホスピスでは、ベッドに寝たまま、ラウンジに集まった患者さんたちが、演奏中ずっと手を合わせて、涙をぽろぽろ流して聴いていました。演奏の後、「この瞬間まで生きてこられたことに感謝します。あなたのチェロを聴き、まだまだ、がんばろう！　熱くなるような、生きる勇気をもらいました」と泣きながら話していたおじさん。隣にいた余命二カ月のおばさんも、胸をゼイゼイしながら、「すばらしい！……なんてすばらしい演奏でしょう！……良かった。生きているから聴ける」と、泣いていました。

オマケだけれど、この日三月一八日は、私と真ちゃんの二四回目の結婚記念日。山岡先生ったら、こっそりサプライズを用意しているんだから、まいるなあ。

カズとマミからお祝いの言葉や、病院スタッフからの花束や色紙のプレゼントがあり、私も真ちゃんも号泣してしもうたわ。

「オレたちは、父さんと母さんを、心から尊敬しています」な〜んて息子からマジに言われると、テレるちゃね。

こうして、エリックマリアは一週間滞在した後、パリへ帰って行った。「ナツニ、キマス」と言ってね。ホントかいな？

ウソのようなホントの話はさらに続く。帯の推薦文を書いてくださった上野千鶴子さんには、一度もお会いしたことがないのに、勝手にファンになり、ダチの菅井純子ちゃん経由で、ラブレターを書いたら、帯が実現した。ラッキーーー！！！

ブログを立ち上げ、書ける場を用意してくれた高文研の柏森朋さんと、それをあっという間に本にしてくれた金子さとみさん、本当にありがとうございました。残念ながら、乳がんは、あれよあれよと進んでいくけれど、抗がん剤やらモルヒネと仲良くしながら、がんと共存できるところまで、生きていくよ。みなさん、見守ってね。

「来年は銀婚式じゃなあ」と真ちゃんが、目をウルウルさせて言います。一日一秒が愛おしい山ちゃんです。

二〇〇八年四月三日

山田　泉

山田　泉（やまだ・いずみ）
1959年大分県豊後高田市生まれ。1979年から養護教諭の仕事に就き、県内の７校の小・中学校に勤めた。2000年２月、乳がんを発症し休職。左乳房の温存手術後、放射線治療、ホルモン療法を受けた。2002年４月に復職し、自らの体験をもとに「いのちの授業」に取り組んでいたが、2005年11月に再発。再び手術を受け、休職。2006年10月に復職したが、体力の限界を感じ、2007年３月退職。“人間と性”教育研究協議会会員（豊後高田サークル代表）、オードリーの会（おおいた乳がん患者の会）代表。著書に『「いのちの授業」をもう一度』（高文研）『ひとりぼっちじゃないよ――はじめての乳がんを生きるための知識とこころ』（共著／木星舎）がある。

いのちの恩返し

●二〇〇八年　五　月一〇日――第一刷発行
●二〇〇八年　六　月一〇日――第二刷発行

著　者／山田　泉
発行所／株式会社 高文研
東京都千代田区猿楽町二－一－八
三恵ビル（〒一〇一＝〇〇六四）
電話　03＝3295＝3415
振替　00160＝6＝18956
http://www.koubunken.co.jp
組版／株式会社WebD（ウェブ・ディー）
印刷・製本／三省堂印刷株式会社
★万一、乱丁・落丁があったときは、送料当方負担でお取りかえいたします。

ISBN978-4-87498-401-7　C0037